Nelson Mandela

Weitere Titel von Christian Nürnberger:
Der rebellische Mönch, die entlaufene Nonne und der größte Bestseller aller Zeiten
Mutige Menschen – für Frieden, Freiheit und Menschenrechte
Mutige Menschen – Widerstand im Dritten Reich (ausgezeichnet mit dem Deutschen Jugendliteraturpreis)

Mehr über unsere Bücher, Autoren und Illustratoren auf:
www.gabriel-verlag.de

Christian Nürnberger

Stephan Kaußen

NELSON MANDELA

Gabriel

Christian Nürnberger

NELSON MANDELA

Ein Kampf für das Recht auf Leben

Mit der Freiheit verhält es sich ähnlich wie mit dem Humor. Jeder behauptet, er habe ihn, nur wenige haben ihn wirklich. Jeder behauptet, er sei für Freiheit, sogar die Unterdrücker behaupten es. Aber nur wenige sind wirklich frei. Und nur wenige haben ein so großes Verlangen nach Freiheit, dass sie dafür unter Einsatz ihres Lebens kämpfen, ihre Gesundheit gefährden, gefürchteten Autoritäten widersprechen, Zivilcourage zeigen oder Nachteile – bei der Karriere, der Versorgung mit Gütern, dem Zugang zur Bildung – in Kauf nehmen.

Freiheit hat etwas mit Würde zu tun, mit Charakter, mit aufrechtem Gang. Wer schon von Kindheit an zur gebeugten Haltung erzogen wurde, zum Gehorsam, Duckmäusertum und zur Angst vor jeglicher Macht und Autorität, wem von Kindheit an von Eltern, Lehrern, Funktionären, Geistlichen und den Medien eingebläut, ja eingeprügelt wurde, die Teilung der Menschen in Herren und Knechte sei gut, vernünftig, gottgewollt und unveränderlich, der wird sich mit hoher Wahrscheinlichkeit in sein Schicksal fügen und sein Leben als Knecht führen und beenden. Warum sollte er aufbegehren? Was sollte einer, der die Freiheit nie gelernt und nie geschmeckt hat, mit der Freiheit anfangen?

Und doch gibt es unter hundert Knechten, manchmal auch nur unter tausend oder zehntausend, zuverlässig den einen, der irgendwann anfängt zu fragen, ob die Herr-Knecht-Ordnung so natürlich oder gar gottgewollt sei, wie sie sich darstellt. Zuerst fragt er sich das meist nur im Geheimen, in seinen Gedanken, dann spricht er die Frage im Kreis von Freunden oder der Familie aus und macht die Erfahrung: Er ist mit seinen Gedanken nicht allein. Andere zweifeln ebenfalls. Meistens bleibt es dabei.

Manchmal aber entwickelt sich daraus Rebellion. Und manchmal entsteht daraus eine Revolution, welche die alte Ordnung umstürzt und eine neue, gerechtere Ordnung etabliert. Dann erklimmt die Gesellschaft, in der das passiert, eine höhere Stufe der Zivilisation.

Wann aber und unter welchen Bedingungen kommt es dazu, dass aus freien Gedanken freie Worte und daraus Taten werden, die in gemeinsame und organisierte Handlungen münden? Und die dann den Umsturz herbeiführen? Das herauszufinden wäre ein interessantes Forschungsprojekt, denn es gibt darauf noch keine allgemeingültige Antwort. Vielleicht wird es sie auch nie geben, denn die Entfaltung freier Gedanken in einem geknechteten Hirn ist etwas sehr Individuelles, wahrscheinlich oft von äußeren Zufällen Gesteuertes, sodass ein Freiheitskämpfer rückblickend beispielsweise sagt:

»Ich kann nicht genau angeben, wann ich politisiert wurde, wann ich wusste, dass ich mein Leben völlig dem Freiheitskampf verschreiben würde (...) Ich hatte keine Erleuchtung, keine einzigartige Offenbarung, keinen Augenblick der Wahrheit; es war eine ständige Anhäufung von tausend verschiedenen Dingen, tausend Kränkungen, tausend unerinnerten Momenten, die Wut in mir erzeugten, rebellische Haltung, das Verlangen, das System zu bekämpfen, das mein Volk einkerkerte. Da war kein bestimmter Tag, an dem ich mir sagte, von nun an will ich mich der Befreiung meines Volkes widmen, sondern statt dessen tat ich es einfach, weil ich nicht anders konnte.«

Der Mann, der das sagte, war einer der größten Freiheitskämpfer der Welt, ein Popstar, ein Mythos schon zu Lebzeiten, beliebt, verehrt und berühmt wie sonst vielleicht nur noch der Papst und der Dalai Lama: Nelson Mandela, der Befreier Südafrikas. Siebenundzwanzig Jahre hat er in Gefängnissen verbracht. Siebenundzwanzig Jahre hat er dort seinen Traum von der Befreiung der Schwarzen von weißer Vorherrschaft geträumt. Siebenundzwanzig Jahre hat er vom Gefängnis aus, scheinbar untätig, wesentlich zur Befreiung Südafrikas beigetragen. Und dann ist sein Traum in Erfüllung gegangen.

Wann er ihn zum ersten Mal geträumt hat? Eben das konnte er später nicht mehr sagen. Und doch lässt sich aus seiner Biografie ein Ereignis benennen, in dem erstmals aufscheint, dass Nelson Mandela ein Mensch war, dessen Drang nach Freiheit, Würde und Selbstbestimmung größer war als seine Bereitschaft, sich mit der Wirklichkeit, wie sie nun mal war, abzufinden.

Es ist ein Ereignis, ein Schicksal, das vor ihm schon Millionen, ja Milliarden anderen jungen Männern und Frauen widerfahren ist und heute noch immer widerfährt, ein Schicksal, dem die meisten sich gefügt haben und immer noch fügen. Für die wenigen, die dagegen rebellierten und rebellieren, war, ist und kann es oft der Ausgangspunkt einer Lebenswende mit weitreichenden Folgen sein: An einem Morgen des Jahres 1940 – Nelson Mandela ist 22 Jahre alt und studiert in einem Missions-College in Fort-Hare in der östlichen Kapprovinz – wird er zu seinem Vormund gerufen. Der hatte gemäß der in seinem Volk herrschenden Tradition eine Braut für ihn ausgesucht.

Mandela hatte im Alter von neun Jahren seinen Vater verloren. Seine Mutter konnte nicht mehr angemessen für ihn sorgen, daher gab sie ihn zu Jongintaba, dem Regenten der Xhosa, der zur Annahme der Vormundschaft politisch verpflichtet war.

Im Haus des Regenten wächst er mit dessen leiblichem Sohn Justice heran. Es geht ihm gut dort, beide Söhne werden gleich behandelt und es entwickelt sich ein brüderliches Verhältnis unter ihnen. Gemeinsam studieren sie in Fort-Hare und gemeinsam trifft sie nun das für sie bestimmte Schicksal: die Zwangsverheiratung. Der Brautpreis war schon bezahlt, die Sache festgezurrt und nicht mehr rückgängig zu machen.

Und da passiert es. Sie riskieren um ihrer Freiheit willen den Bruch mit ihrer Tradition, ihrer Familie, ihrer Herkunft und mit all den Menschen, die ihnen lieb und teuer sind. Sie verlassen den für sie vorgezeichneten Weg, brechen aus, hauen ab, denken nicht lange darüber nach. Sie verhandeln auch nicht mit dem Regenten, weil sie wissen, dass es zwecklos ist. Es ist ihnen klar, dass dieser Bruch mit der Tradition auch den Bruch mit dem Regenten bedeutet und damit verbunden auch dessen Einstellung der Zahlungen, den Verlust aller Sicherheit. Jetzt müssen sie selber für sich sorgen. Das nehmen sie in Kauf. Das ist der Preis für ihre Selbstbestimmung. Kein geringer Preis, denn es wird nicht einfach für die beiden.

Sie wollen nach Johannesburg. Heimlich verkaufen sie zwei Ochsen des Regenten, um zu Geld zu kommen. Dann müssen sie sich noch einige Lügen und Tricks einfallen lassen, denn ein schwarzer Afrikaner darf seinen Bezirk nicht ohne Genehmigung des Arbeitgebers oder des Vormunds verlassen. In Johannesburg suchen sie voller Optimismus ihre Zukunft. Dort wollen sie ihr Glück machen.

Zunächst scheint das ganz leicht zu gehen. In den Crown Mines, der größten Goldmine der Welt, suchen sie sich einen Job. Dort arbeitet Piliso, ein Bekannter von ihnen, als Aufseher. Von ihrer Flucht vor der Zwangsheirat erzählen sie ihm nichts. Stattdessen tischen sie ihm Lügengeschichten auf, die er ihnen glaubt. Er verschafft Justice einen guten, sauberen Bürojob, und Nelson wird Minenpolizist, was ihm gut gefällt. Mit Stiefeln und Helm, Trillerpfeife und Schlagstock ausgerüstet, steht er gut gelaunt vor dem Eingang zum Minengelände und kontrolliert die Ausweise all jener, die kommen oder gehen. Neben ihm ein Schild: Achtung! Hier Zutritt für Eingeborene!

Piliso lädt die jungen Männer freundlich ein, bei ihm zu wohnen. Dadurch bleibt es ihnen erspart, mit ein paar Hundert anderen in einer der deprimierenden Baracken für Wanderarbeiter zu schlafen. Sie verdienen nicht viel, aber haben nun doch mehr Geld als jemals zuvor. Und es ist eigenes, selbst verdientes Geld. Sie kommen sich großartig vor. Den Regenten haben sie schon vergessen.

Aber er nicht sie. Er hat herausgefunden, wo sie stecken, und an Piliso telegrafiert: »Die Jungen sofort nach Hause schicken!« Wutschnaubend hält Piliso ihnen das Telegramm unter die Nase. Sie haben ihn belogen, seine Gastlichkeit und sein Vertrauen missbraucht. Er schmeißt sie raus.

Nun erst wird es schwierig mit der Freiheit. Was tun ohne Job und ohne Geld? Worauf man sich in Afrika immer verlassen kann, ist die Verwandtschaft, der Clan, der Stamm. Der hält zusammen. Nelson treibt einen Vetter auf, Garlick Mbekeni. Bei dem kann er erst mal wohnen. Mbekeni verschafft ihm auch einen Job bei einem Immobilienhändler, dem Nelson erzählt, er wolle sein unterbrochenes Jurastudium fortsetzen und Rechtsanwalt werden. Der Immobilienhändler hilft ihm und verschafft ihm ein Praktikum bei Witkin, Sidelsky und Eidelmann, einer jüdischen Anwaltskanzlei.

Wieder hat Nelson Glück, denn dass eine weiße Kanzlei einen Schwarzen im Büro beschäftigt, ist in Südafrika eine große Ausnahme. Und Nelson wird gut behandelt in dieser Kanzlei. Er verdient zwar nur zwei Pfund im Monat, aber er muss froh sein, dass er davon kein Lehrgeld zahlen muss, das man ihm eigentlich abverlangen könnte. Und einer der Anwälte, Sidelsky, nimmt sich viel Zeit, um Mandela alle Aufgaben genau zu erklären, leiht ihm

Geld für die Universitätsgebühren und schenkt ihm einen alten Anzug, den Nelson jahrelang tragen wird.

Vielleicht liegt es an seinem relativen Glück, dass sich in Nelson noch immer kein Geist der Auflehnung regt, denn eigentlich sind die Gründe für eine Rebellion nicht zu übersehen. Die Weißen wohnen in den guten Wohngebieten in komfortablen Häusern mit großen Gärten inmitten gepflegter Anlagen. Die Schwarzen wohnen nahe bei den Minen und Kläranlagen in kleinen Häusern ohne Sanitäranlagen und ohne Strom.

Weiße haben die verantwortungsvollen gut bezahlten Jobs, Schwarze kehren die Bürgersteige, chauffieren ihre Chefs, erledigen die Handlanger- und Botendienste oder dienen in den Häusern der Weißen als Putzfrau, Nanny, Koch, Gärtner oder Butler. Weiße sind gut gekleidet, Schwarze ärmlich. Und überall in der City hängen vor den Cafés, Restaurants, Hotels und Ämtern Schilder mit der Aufschrift »Nur für Weiße«.

Es ist alles tatsächlich so in Südafrika, wie es Nelson Jahre zuvor schon einmal gehört hat, aber nicht hören wollte. Es war auf dem Fest, bei dem er und die anderen Jungen seines Alters beschnitten wurden. Er war gerade sechzehn und wollte ausgelassen feiern, als ein alter Häuptling eine Rede hielt und damit die Stimmung killte: »Dort sitzen unsere Söhne, jung, gesund und stattlich, die Blüte des Xhosa-Stammes, der Stolz unserer Nation. Wir haben sie gerade beschnitten in einem Ritual, das Mannbarkeit verheißt, aber ich bin hier, um euch zu sagen, daß das eine leere, illusorische Verheißung ist (...) Denn wir Xhosas und alle schwarzen Südafrikaner sind (...) Sklaven in unserem eigenen Land, Pächter auf unserer eigenen Erde. Wir haben keine Kraft, keine Macht, keine Kontrolle über unser eigenes Geschick im Land unserer Geburt. Für den Rest ihres Lebens werden sich diese jungen Männer die Lunge raushusten tief in den Eingeweiden der Minen des weißen Mannes, ihre Gesundheit zerstörend, niemals die Sonne sehend, damit der weiße Mann ein Leben in einzigartigem Wohlstand führen kann. Sie werden in große Städte ziehen, wo sie in Verschlägen hausen und billigen Alkohol trinken werden, und all dies, weil wir kein Land haben, das wir ihnen geben könnten, damit sie darauf gedeihen und sich vermehren.«

Später, viel später wird sich Nelson erinnern, dass er diese Anklagen nicht hören wollte, und gedacht hatte: Haben die Weißen nicht auch viele gute Dinge ins Land gebracht? Sind sie nicht Wohltäter, die Schulen einrichten und große Fabriken bauen, in denen die Menschen Arbeit finden?

Diesen Wesenszug, den weißen Unterdrücker nicht zu hassen, ihm trotz seiner unleugbaren Fehler immer gerecht werden zu wollen, wird Nelson beibehalten und ihn auch später nicht ablegen, als er aktiv für die Freiheit der Schwarzen kämpft. Dieser Wesenszug wird es sein, der ihn später geradezu vorbestimmt, das befreite Südafrika zu regieren und zu einem Land zu machen, in dem die Menschen aller Hautfarben friedlich zusammenleben, auch mit den Weißen, den ehemaligen Unterdrückern.

Andere seiner Generation sind wesentlich ungeduldiger mit den Verhältnissen und gegenüber den Weißen zumindest in Gedanken wesentlich aggressiver. In der Anwaltskanzlei von Sidelsky hat Nelson einen Kollegen, der seinen Chef eines Tages anfährt: »Hören Sie, Sie sitzen da wie ein Lord, während mein Häuptling Botengänge für Sie erledigt. Die Situation sollte genau umgekehrt sein, und eines Tages wird sie das auch, und wir werden euch alle ins Meer werfen.« Nelson ist dieser Zwischenfall unangenehm. Wie lange noch?

Nelsons Bewusstsein beginnt sich zu ändern, als es 1946 zu einem der größten Streiks in der südafrikanischen Geschichte kommt. Zu jener Zeit schuften 400 000 Afrikaner für zwei Shilling pro Tag in den Minen. Die Gewerkschaft kämpft für einen Mindestlohn von zehn Shilling pro Tag, für Familienunterkünfte, einen zweiwöchigen bezahlten Urlaub und bessere Verpflegung. Doch die Minengesellschaften kommen ihnen keinen Fingerbreit entgegen. Daraufhin legen 70 000 Arbeiter für eine Woche die Arbeit nieder. Vergeblich. Jetzt greift der Staat ein. Polizisten drängen die Arbeiter mit Bajonetten in die Schächte zurück und töten dabei neun von ihnen. Die Polizei umstellt die Unterkünfte der Arbeiter und durchsucht die Büros der Gewerkschaft. Alle Streikführer landen im Gefängnis, der Streik bricht zusammen und die Regierung zerschlägt auch noch die Gewerkschaft.

Jetzt ist Nelson empört, bestürzt und tief bewegt. Er besucht die Streikenden in den Minen und führt Gespräche mit Gewerkschaftern.

Dann wird er auf die Inder in Südafrika aufmerksam. Auch sie begehren auf. Seit 1869 kamen indische Wanderarbeiter ins Land, um in den Zuckerrohrplantagen in Natal zu arbeiten. Die Inder mussten sich damals für drei Jahre verpflichten. Danach konnten sie entscheiden, ob sie in ihre Heimat zurückkehren wollten oder nicht. Viele von ihnen blieben, machten sich als Kleinbauern oder Händler selbstständig, erhielten in Natal sogar Bürgerrechte. Außerhalb Natals jedoch galten sie als Nicht-Weiße und waren daher genauso rechtlos wie die Schwarzen.

Im Jahr 1946, dem Jahr des Streiks der Minenarbeiter, erließ die Regierung ein Gesetz, das die eingeschränkten Rechte der Inder noch weiter beschnitt. Sie durften jetzt nur noch in bestimmten, ihnen zugewiesenen Gebieten leben und Handel treiben, und der Erwerb von Grundbesitz wurde erschwert.

Das ließen die Inder sich nicht gefallen. Für Nelson interessant war, wie sie sich widersetzten, nämlich nach den Plänen eines jungen Rechtsanwalts namens Mahatma Gandhi. »Gewaltfreier Widerstand« lautete dessen Parole in Indien wie in Südafrika.

In Südafrika sah dieser gewaltfreie Widerstand so aus, dass die

Inder zwei Jahre lang das Land besetzten, das ihnen die Regierung genommen hatte. Sie hielten verbotene Versammlungen ab, und wenn die Polizei kam, ließen sie sich einsperren, massenhaft. Die Anführer wurden mit monatelanger Zwangsarbeit bestraft. Wenn sie wieder zurückkamen aus ihren Arbeitslagern, machten sie genau dort weiter, wo sie vor ihrer Bestrafung hatten aufhören müssen.

Nelson Mandela war tief davon beeindruckt, wie indische Hausfrauen, Anwälte, Studenten, Ärzte, Priester, Händler und Arbeiter aus Protest ins Gefängnis gingen, denn es »erinnerte uns daran, daß der Freiheitskampf nicht nur darin bestehen konnte, auf Versammlungen Reden zu halten, Resolutionen zu verabschieden und Abordnungen zu entsenden. Entscheidend waren vielmehr präzise Organisation, militante Massenaktion und vor allem die Bereitschaft, Leiden und Opfer auf sich zu nehmen.«

In Indien führte diese Art von Widerstand 1947 zum Erfolg. Indien wurde unabhängig. Und Indien wurde das erste Land der Welt, das gleich nach seiner Unabhängigkeit, lange vor allen anderen demokratischen Ländern, wegen der südafrikanischen Rassenpolitik Sanktionen gegen die dortige Regierung verhängte.

Eigentlich hätte es nun auch in Südafrika besser werden müssen, denn damals, nach dem Zweiten Weltkrieg, standen die Zeichen auf Entkolonialisierung. Eine Kolonie nach der anderen wurde in die Unabhängigkeit entlassen, teils in friedlicher Übereinkunft mit den Kolonialmächten, teils erst nach Rebellionen und kriegerischen Auseinandersetzungen. Wo die weiße Vorherrschaft nicht schon vor dem Krieg beendet war, endete sie jetzt in den Jahren zwischen 1947 und 1967.

Nur in Südafrika liefen die Uhren rückwärts. Statt besser wurde es schlimmer. Das hatte mehrere Ursachen. Eine davon ist in der Geschichte dieses Landes zu suchen. Seine Besiedlung durch

Weiße begann 1652 mit der Gründung von Kapstadt als Proviantstadt auf dem Seeweg nach Ostindien.

Bei den Einwanderern handelte es sich überwiegend um Holländer, Deutsche und Hugenotten. Aus ihnen entwickelten sich später die Buren, die sich immer weiter ins Landesinnere ausbreiteten und sich kriegerische Konflikte mit den dort ansässigen Nomaden, Ackerbauern und Rinderzüchtern lieferten. Ab 1779 bekamen es die Buren mit den Xhosa zu tun, einem kriegerischen Volk, das sich lange und ausdauernd gegen die weißen Eroberer wehrte, am Ende vergeblich. Es ist das Volk, dem auch Nelson Mandela entstammt.

Später kamen die Briten und besetzten die holländische Kapkolonie. Viele Buren wanderten aus und gründeten neue Republiken wie Natal, den Oranje-Freistaat und Transvaal. Die Briten versuchten, auch diese Länder unter ihre Kontrolle zu bringen, mit wechselndem Erfolg, bis zwischen 1869 und 1871 riesige Gold- und Diamantenvorkommen entdeckt wurden. Nun kämpfte das britische Empire mit seiner ganzen Macht um die Vorherrschaft am Kap. Es kam zum Burenkrieg, den die Buren verloren. Der südliche Zipfel Afrikas wurde britisch.

Im Friedensvertrag mit den Buren wurde diesen von den Briten das Recht auf Selbstverwaltung eingeräumt. Daraus entstand dann 1910 jenes merkwürdige Gebilde namens »Union of South Africa«. Das war einerseits eine britische Kolonie, andererseits ein sich selbst regierender Staat innerhalb des britischen Empire, bewohnt und regiert von Briten und Buren, die zwei konkurrierende politische Parteien gründeten:

Die englandfreundliche South African Party (SAP) und die englandkritische, von den Buren getragene National Party (NP). Diese versuchte, den britischen Einfluss in Politik, Wirtschaft und Kultur zurückzudrängen. Sie forderte die »nationale Befreiung« des »weißen Afrikanertums«. Bei aller Gegensätzlichkeit waren sie sich aber in einem Punkt einig: Sie, die weiße Minderheit allein, sei zur Führung des Landes berechtigt. Die schwarze Mehrheit habe zu gehorchen und billig zu arbeiten.

Und so wurde schon drei Jahre nach Staatsgründung jenes Gesetz verabschiedet, das man als Grundstein der späteren Rassentrennungspolitik (Apartheid) betrachten kann: Durch den Natives Land Act wurde es Schwarzen untersagt, Land zu erwerben, außer in eigens dafür ausgewiesenen Stammesgebieten. Alle südafrikanischen Regierungen haben seitdem das Ziel verfolgt, dem »Kaffer« seinen Platz zuzuweisen, nämlich ganz unten.

Natürlich hatten die Schwarzen kein Wahlrecht. Das Land wurde aufgeteilt in weiße Wohngebiete, in denen Schwarze kein Wohnrecht hatten, und in den Rest für Schwarze. Mischehen wurden verboten. Die Welt nahm daran lange keinen Anstoß, denn so war das auch in den anderen Kolonien.

Erst mit dem Beginn der Entkolonisierung wurde diese Praxis fragwürdig. Darum begannen die weißen Herren in Südafrika nun mit brutaler Härte, ihren Machtanspruch zu zementieren. Das Mittel dazu war die Apartheid, eine Verschärfung der seit Jahrzehnten bestehenden Diskriminierung der Schwarzen.

Sie begann mit dem Wahlsieg der burischen National Party 1948. Nun wurden sämtliche Bewohner Südafrikas vier Rassen zugeordnet. Man war entweder Weißer, Schwarzer, Asiate (Inder) oder Farbiger. Zu Letzteren rechnete man alle diejenigen, die den drei anderen Gruppen nicht angehörten.

Gemäß dieser Einteilung wurde nun das Leben dieser vier Gruppen mit einer Fülle von Gesetzen und Verordnungen entflochten, bis hin zur Reservierung von Parkbänken, Stränden, Eingängen in Geschäften und Ämtern für die einzelnen Rassen. Die Menschen wurden nach ihrer Hautfarbe getrennt in öffentlichen Einrichtungen, Hotels, Restaurants, Kinos, Theatern, Bussen, Straßenbahnen, Flughäfen, ja sogar auf Friedhöfen. Es war nun

»ein Verbrechen, durch eine ›Nur-für-Weiße-Tür‹ zu gehen, ein Verbrechen, in einem ›Nur-für-Weiße-Bus‹ zu fahren (...) ein Verbrechen, kein Paßbuch bei sich zu haben, ein Verbrechen, in dem Buch die falsche Unterschrift zu haben (...) ein Verbrechen, nicht den richtigen Arbeitsplatz zu haben, ein Verbrechen, an bestimmten Orten zu leben, und ein Verbrechen, keinen Platz zum Leben zu haben«, sagte Mandela über diese Zeit.

Mithilfe von Passgesetzen versuchte der Staat, die Kontrolle über die Wanderbewegungen zwischen Stadt und Land zu gewinnen und die Schwarzen von den Städten fernzuhalten. Die Reservierung von Facharbeiterstellen für Weiße schmälerte die Aufstiegschancen aller anderen und beeinträchtigte die gesellschaftliche Mobilität. Rassentrennung bedeutete darum keineswegs nur die geografisch-räumliche Trennung. Sie zielte auch auf eine soziale Blockade für Schwarze und war insgesamt ein System, das die Privilegien für Weiße sichern sollte. Vier Millionen Weiße unterdrückten fünfzehn Millionen Schwarze, beuteten sie aus, sperrten sie ein, beraubten sie ihrer Rechte.

Auch die Schulen wurden getrennt. Die staatlichen Ausgaben für die Schulen der Schwarzen betrugen nur einen Bruchteil dessen, was für die weißen Schüler ausgegeben wurde. Viele Lehrer, die an den schwarzen Schulen unterrichteten, waren selbst kaum über einen Grundschulabschluss hinausgekommen und versuchten ihre fehlende Kompetenz auszugleichen, indem sie in den überfüllten Klassenräumen durch Prügel Disziplin herzustellen suchten. Die Schwarzen sollten dauerhaft von Bildung und sozialem Aufstieg ausgeschlossen werden.

Aber nicht alles hatten die weißen Herrenmenschen unter Kontrolle. Es gab auch kirchliche Schulen, Missionsschulen verschiedener christlicher Glaubensgemeinschaften. Manche von ihnen, wie etwa die calvinistische »Niederländische Reformierte Kirche«, trugen die Rassenpolitik mit, rechtfertigten sie sogar und unterstützten sie nach Kräften. Aber es gab auch andere, vor allem britisch-anglikanische und methodistische Kirchen, die zwar letztlich auch rassistisch waren. Sie erkannten aber in den Schwarzen Geschöpfe Gottes, die ebenfalls gottgeliebt sind und darum über Würde verfügen. Auf Schulen dieser Kirchen wurden die Schwarzen anders behandelt und besser ausgebildet. Allerdings nahmen sie Schulgeld, sodass meist nur eine kleine, schmale Oberschicht der wohlhabenderen Schwarzen ihre Kinder auf solche Schulen schicken konnte. Aus den Absolventen dieser Schulen rekrutierten sich später die schwarzen Oppositionellen und Kämpfer gegen die Apartheid.

Nelson Mandela hatte das Glück, auf eine solch teure Schule der Methodisten geschickt zu werden. Das Internat Clarkebury, 1825 von Methodisten gegründet, dient gleichzeitig als höhere Schule, als Lehrerseminar und als Ausbildungsstätte für verschiedene Handwerksberufe. Schuldirektor Reverend C. Harris ist der erste Weiße, dem Nelson Mandela die Hand schüttelt und über den sein Vormund, der Regent Jongintaba gesagt hatte, er sei ein großartiger Mensch, ein Mann, der die Schwarzen liebe.

Dort, in Clarkebury, erhält Mandela seinen Vornamen Nelson. Eigentlich hört er auf den Xhosa-Namen Rolihlahla, dem eine hohe voraussagende Kraft innewohnt, denn Rolihlahla heißt Unruhestifter, und genau das sollte aus Nelson Mandela werden. Aber die Lehrer in den Missionsschulen können die afrikanischen Namen nur schwer aussprechen, darum erhalten die Schüler von ihnen englische Namen. So wird aus Rolihlahla Nelson – was auch nicht schlecht war, denn Mandela wird zu einer Art Lord Nelson der Schwarzen.

In Clarkebury unterrichten vorzüglich ausgebildete schwarze Lehrer. Nelson bewundert sie, begreift aber auch, dass ein Schwarzer immer unter einem Weißen steht, egal wie gebildet er ist. Das ändert sich auch nicht, als Nelson in ein College nach Healdtown wechselt, ebenfalls eine Einrichtung der Methodistischen Kirche und die größte afrikanische Oberschule südlich des Äquators.

Das Ziel der meisten schwarzen Studenten in Healdtown ist es, black Englishmen zu werden. Die Überlegenheit der weißen Kultur, allen voran der englischen, ist ihnen seit Beginn ihrer Schulzeit eingeimpft worden und wird nicht infrage gestellt. Black Englishmen können als Beamte in der Kolonialverwaltung gut dienen und eingesetzt werden, da sie besser bezahlte und angenehmere Arbeiten verrichten als die normalen Schwarzen. Dabei sind sie ihren Oberen ergeben, loyal und hoffen demütig darauf, von den Weißen als kultiviert und zivilisiert anerkannt zu werden.

Im Jahr 1943, Nelson ist 25 Jahre alt, erkennt er beschämt, dass er auf dem besten Weg ist, so ein black Englishman zu werden. Auslöser ist ein Vortrag des charismatischen Anton Lembede, einem der großen afrikanischen Führer des Jahrhunderts. Er hämmert seinen Zuhörern ein: weg mit den Minderwertigkeitskomplexen der Schwarzen, »die Farbe meiner Haut ist schön, wie die schwarze Erde von Mutter Afrika«. Wer zweifelt etwa daran, dass Schwarze dasselbe Potenzial haben wie Weiße? Selbstvertrauen sei der Weg zur Selbstbestimmung.

Es gibt längst eine politische Kraft in Südafrika, die solche Ideen verbreitet, eine Kraft, die gegen die Apartheid und für Freiheit und Selbstbestimmung der Schwarzen kämpft: der ANC, der African National Congress. Er war schon 1912 als gewaltfreie Bürgerrechtsorganisation gegründet worden, um für die schwarze Bevölkerungsmehrheit die vollen Bürgerrechte durchzusetzen. Anfangs bestand der ANC vorwiegend aus Vertretern der schwarzen Mittelschicht und opponierte friedfertig durch Boykotte, Streiks Petitionen und öffentliche Proteste. Erfolgreich war er damit jedoch nicht.

In den Vierzigerjahren bemühte sich der damalige Vorsitzende, Alfred B. Xuma, um jüngere, engagierte Mitglieder und konnte so auch Nelson Mandela gewinnen, dazu Oliver Tambo und Walter Sisulu, die bald schon alle drei führende Rollen im ANC übernehmen sollten. Die immer schärferen Gesetze der Regierung trieben dem ANC in den Vierziger- und Fünfzigerjahren scharenweise Mitglieder zu. So konnte er sich zur Massenorganisation und zum Träger und Organisator des Widerstandes gegen die Apartheid entwickeln.

Und mittendrin Nelson Mandela. Er ist jetzt Anwalt, verdient schon ganz gut, aber immer mehr seiner Zeit verbringt er jetzt mit der Arbeit für den ANC. Und je mehr er für den ANC arbeitet, desto mehr wird dessen Sache zu seiner eigenen.

Am 1. Mai 1950 streikt die Hälfte aller Minenarbeiter. Nelson besucht eine Protestkundgebung streikender Arbeiter und wird Zeuge eines brutalen Angriffs. Die berittene Polizei galoppiert ohne Warnung in die aufgebrachte Menge hinein und schlägt mit Stöcken um sich. Mandela und seine Freunde können gerade noch weglaufen, bevor die Polizei völlig unkontrolliert auf die Menschen schießt.

»Dieser Tag war ein Wendepunkt in meinem Leben, ich erlebte das brutale Vorgehen der Polizei aus erster Hand, und ich war beeindruckt von der Unterstützung des 1.-Mai-Aufrufs durch die afrikanischen Arbeiter«, schreibt Mandela später. 18 Schwarze werden getötet, viele schwer verletzt. Der Protest über das Verhalten der Polizei hat Folgen: Die Unterdrückung wird noch brutaler.

Ende Mai reagiert die Regierung mit einem neuen Gesetz. Darin wird alles als »Kommunismus« verboten, was darauf abzielt, »durch die Förderung von Unruhen oder Unordnung, durch unrechtmäßiges Handeln oder Unterlassungen oder durch die Androhung solcher Handlungen oder Unterlassungen, politische, industrielle, gesellschaftliche oder wirtschaftliche Veränderungen in der Union herbeizuführen«. Mit anderen Worten: Die Regierung kann jetzt alles verbieten, was ihr nicht passt.

Und Mandela sieht nun ein, was andere lange vor ihm verstanden haben: Es hat keinen Sinn, sich von anderen Gruppen zu distanzieren, solange die Regierung alle Freiheitsbewegungen gleichermaßen unterdrückt. Indische, kommunistische, farbige und schwarze Befreiung kann nur gemeinsam erreicht werden. Er hat nichts mehr dagegen, dass es Kommunisten im ANC gibt. Die Kommunisten behandeln die Schwarzen als Menschen mit gleichen Rechten und nehmen sie ernst. Sie verschanzen sich nicht hinter ihren Privilegien als Weiße und haben den Kampf gegen die Unterdrückung der Rassen zu ihrem eigenen gemacht.

Der ANC plant deshalb die erste gemeinsame Aktion mit den indischen Organisationen, den Kommunisten und der African People's Organization (APO), einem Zusammenschluss von Farbigen. Für den 26. Juni 1950 wird ein Tag des nationalen Protests ausgerufen: gegen die Ermordung von 18 Afrikanern am 1. Mai und gegen das Verbot der Kommunistischen Partei. Mandela betreut das ANC-Büro in Johannesburg und ist ohne Unterbrechung damit beschäftigt, diesen wichtigen Tag vorzubereiten. Das Ergebnis ist nicht umwerfend, aber es stärkt das Selbstbewusstsein: Die Mehrheit der Arbeiter bleibt zu Hause, 5 000 Menschen demonstrieren. Bis heute wird der 26. Juni als Gedenktag der Freiheitsbewegung gefeiert.

Im Dezember 1951 verabschiedet der ANC eine Resolution, in der er die Regierung auffordert, die schlimmsten Apartheidsgesetze aufzuheben. Sollte das nicht geschehen, so drohen der ANC, die indische Freiheitsbewegung und die Kommunistische Partei mit einer landesweiten Missachtungskampagne. Natürlich lehnt die Regierung ab.

Der ANC macht seine Drohung wahr. Nelson Mandela steht im Zentrum der Planungen und wirkt nun bereits wie ein nationaler Anführer, strahlt Zuversicht und Siegeswillen aus. Am 22. Juni 1952, dem »Day of Volunteers«, spricht er zum ersten Mal in seiner Laufbahn als einer der Hauptredner vor einer riesigen Menschenmenge. Über 10 000 Menschen jubeln ihm zu.

Und sie beteiligen sich an der Missachtungskampagne. Überall im Land übertreten kleine Gruppen von Freiwilligen die Apartheidgesetze: Sie setzen sich in Eisenbahnabteile oder Wartezimmer, die für Weiße reserviert sind, benutzen für Weiße vorgesehene Eingänge zu Postämtern oder öffentliche Toiletten, gehen in die verbotenen Stadtviertel und übertreten die Sperrstunde. Jede Gruppe hat einen Anführer, der die örtliche Polizei vorab über die geplanten Aktionen informiert und dafür Sorge trägt, dass von den Freiwilligen keine Gewalt ausgeht, nicht einmal wenn die Polizei sie angreift. Singend lassen die Freiwilligen sich verhaften, aus den vergitterten Gefangenentransportern der Polizei tönt ihr hoffnungsvolles Rufen: »Mayibue Afrika!« – Lasst Afrika zurückkehren!

Auch Mandela wird verhaftet, zu den anderen in einen Transporter gepfercht und ins Gefängnis gebracht. Es ist das erste Mal, dass er im Gefängnis sitzt.

In den nächsten fünf Monaten wird die Missachtungskampagne in ganz Südafrika von 8 500 Menschen unterstützt, quer durch alle Berufe. Die Mitgliederzahl des ANC steigt. Mit wachsendem Unmut registriert die Regierung den Protest der Allianz aus Schwarzen, Kommunisten und Indern. Aber statt daraus Konsequenzen zu ziehen und den Schwarzen entgegenzukommen, greift die Regierung zu einem anderen Mittel: massive Einschüchterung, weitere Verschärfung der Gesetze, Eskalation. Der *Public Safety Act* und der *Criminal Laws Act* von 1953 ermächtigen die Regierung dazu, jederzeit das Kriegsrecht zu verkünden, Menschen ohne Prozess einzusperren und körperliche Strafen wie das Auspeitschen anzuwenden. Auf jegliche Form von Widerstand gegen das Regime steht eine Gefängnisstrafe von bis zu drei Jahren.

Ihre Macht kann die weiße Herrschaft damit noch für ein paar Jahrzehnte retten, aber damit sät sie nun vor allem eines: Zerstörung, Gewalt, Hass, tödlichen Hass, der den Untergang der Regierung überdauern und noch lange die Realität in Südafrika bestimmen wird.

Damals, in den Fünfzigerjahren, wurden einige in die Resignation getrieben, andere in den bewaffneten Widerstand. Aber bei vielen mündete die anfängliche Fassungslosigkeit in selbstbewusste Hoffnung und Stärke, zum Beispiel bei Nelson Mandela, denn »jetzt hatte der weiße Mann die Kraft meiner Schläge zu spüren bekommen, und jetzt konnte ich aufrecht gehen wie ein Mann und jedem ins Auge blicken mit der Würde dessen, der sich der Unterdrückung und der Angst nicht ergeben hat«.

Nelson steigt in den nächsten Jahren immer höher in der Hierarchie des ANC, organisiert Widerstandsaktionen und verteidigt schwarze Angeklagte vor Gericht. Noch öfter aber landet er selber vor Gericht und wird mal verurteilt, mal freigesprochen, schikaniert, misshandelt, bedroht. So geht das nun immer wieder, bis im März 1960 in Sharpeville unbewaffnete Demonstranten erschossen und in der Folge der ANC und andere Anti-Apartheid-Gruppen verboten werden.

Mandela und seine Mitstreiter im ANC erkennen, was das bedeutet: Der gewaltlose Widerstand wird vermutlich nie zum Ziel führen und ohne Gewalt geht es offenbar nicht im Kampf gegen dieses Regime, das leider auch von zahlreichen westlichen Staaten, besonders von den USA und England, aber auch von Deutschland gestützt wird. Es herrscht Kalter Krieg zwischen zwei verfeindeten Systemen, dem von Russland dominierten kommunistischen Ostblock und den westlichen Demokratien unter Führung der USA. Dieser Krieg macht beide Parteien kurzsichtig. Sie handeln nach dem Motto: Gut ist, was dem Gegner schadet. Russland unterstützt daher den ANC, der Westen dagegen sieht zwangsläufig in der Regierung von Südafrika ein Bollwerk gegen den Kommunismus und im ANC eine kommunistisch gesteuerte, moskaufreundliche Truppe. Also stützt man die weißen Unterdrücker und nimmt billigend in Kauf, dass man damit die Apartheid stabilisiert.

In dieser Situation beschließen die Mitglieder des ANC, sich zu bewaffnen. Sie gründen eine Organisation namens Umkonto we Sizwe, was übersetzt so viel wie »Speer der Nation« bedeutet. Es ist Nelson Mandela, der die Leitung übernimmt und in den Untergrund geht. Er weiß, dass er ab jetzt in Lebensgefahr ist, denn gewaltsamer Widerstand gilt als Terrorismus und wird mit der Todesstrafe geahndet. Über diesen Entschluss sagt er: »Ich wußte, daß ich es tun mußte. Es würde ein gefährliches Leben sein, und es würde mich fernhalten von meiner Familie, doch wenn einem Menschen verweigert wird, das Leben zu leben, an das er glaubt, bleibt ihm keine andere Wahl, als ein Gesetzloser zu werden.«

Unter seiner Führung werden nun Sabotageakte geplant und realisiert. Stromleitungen und Umspannwerke werden gesprengt, Telefonleitungen gekappt, Kraftwerke ausgeschaltet, Transportwege unterbrochen, militärische Einrichtungen und Polizeistationen angegriffen. »Dieses Land muss unregierbar werden«, schreibt Nelson an den ANC-Führer Oliver Tambo. Die Saboteure hoffen, damit ausländische Investoren abzuschrecken, die trotz des Rassismus weiter in Scharen ins Land strömen und damit das System stabilisieren. Irgendwann, so hoffen Nelson und seine Mitstreiter, werde die Regierung mit ihnen verhandeln müssen.

Die aber denkt nicht daran, sucht fieberhaft nach den Tätern und ahndet nun sogar kleinste Sabotageakte mit der Todesstrafe. Nelson Mandela bleiben gerade einmal siebzehn Monate für seine Arbeit im Untergrund, dann wird er verraten – es ist bis heute nicht klar, von wem – und verhaftet. Das hätte eigentlich das Todesurteil bedeutet.

Aber zunächst hat er Glück. Weder die Regierung noch der Geheimdienst ahnen zu diesem Zeitpunkt etwas von seiner Rolle als Drahtzieher. Er wird nur angeklagt, ohne Pass das Land verlassen und zu Streiks aufgerufen zu haben, eigentlich Lappalien. Dennoch verhängt das Gericht fünf Jahre Haft.

Aber dann kommt es noch schlimmer. Das Versteck, von dem aus Nelson und seine Mitstreiter die Sabotageakte geplant hatten, fliegt auf, und mit ihm die Pläne, Namenslisten, Orte, Daten, alles, was für den Kampf im Untergrund von Belang war. Nun geht den Behörden auf, dass Mandela der Kopf dieses Kampfes war. Das hätte nun normalerweise den sicheren Tod bedeutet.

Zwei Dinge retten seinen Kopf: die plötzliche Aufmerksamkeit des Auslands und er selbst. In den Sechzigerjahren interessierte sich erstmals die Weltöffentlichkeit für die Vorgänge in Südafrika. Die Sache kam vor die UNO, und deren Vollversammlung hatte Ende 1962 für Sanktionen gegen Südafrika gestimmt. Seitdem steht das Thema immer wieder auf der Tagesordnung, wenn sich hochrangige Politiker irgendwo treffen.

Unter dieser öffentlichen Aufmerksamkeit nutzte Mandela nun den Prozess in Rivonia gegen ihn als Bühne. Dort durfte er sich vor dem Gericht verteidigen. Seine vierstündige Verteidigungsrede ging in die Geschichte ein als eine der gelungensten, klarsichtigsten politischen Grundsatzerklärungen, die der schwarze Befreiungskampf hervorgebracht hat. Mit dieser Rede machte sich der Angeklagte Nelson Mandela zum Ankläger gegen den Staat Südafrika.

Er gab die vom Gericht vorgebrachten Anklagepunkte zu, aber: »Die Gewalt, zu der wir griffen, war kein Terrorismus. Die Gründungsmitglieder von Umkonto waren, wie ich, alle Mitglieder des Afrikanischen Nationalkongresses und standen in der Tradition des ANC, der für Gewaltlosigkeit und Verhandlungen zur Lösung politischer Konflikte eintrat. Wir glauben, daß Südafrika allen

Menschen gehört, die darin leben, und nicht nur einer Gruppe, sei sie nun schwarz oder weiß. Wir wollten keinen Rassenkrieg, und wir versuchten ihn bis zur letzten Minute zu vermeiden. Jedoch: 50 Jahre des gewaltlosen Widerstandes gegen die Unterdrückung hätten den schwarzen Afrikanern nichts gebracht als immer schärfere Gesetze, so daß schon früh Stimmen laut wurden, die zum bewaffneten Kampf riefen. Doch über viele Jahre hinweg habe der ANC immer wieder dazu aufgerufen, friedliche Mittel einzusetzen. Erst, als alles andere gescheitert war, als uns alle Möglichkeiten des friedlichen Protestes verbaut waren, faßten wir den Beschluß, zu gewaltsamen Formen des politischen Kampfes überzugehen.«

Auch auf den Kommunismus kommt er zu sprechen. Er selbst sei niemals Kommunist gewesen, lehne ihn sogar ab, aber theoretische Differenzen zwischen denen, die gegen die Unterdrückung kämpfen, sind ein Luxus, den wir uns in diesem Stadium nicht erlauben können. Außerdem seien viele Jahrzehnte lang die Kommunisten die einzige politische Gruppe in Südafrika gewesen, die bereit war, »Afrikaner als Menschen und als ihresgleichen zu behandeln«.

Dann schildert Mandela die unwürdigen Lebensbedingungen der Schwarzen, ihre Armut, ihre Krankheiten, den Schmutz, die mangelnde hygienische Versorgung, das schlechte Schulsystem und die Wohngesetze. Und er kommt zu dem Urteil: »Die von den Afrikanern erfahrene Mißachtung ihrer Menschenwürde ist das direkte Ergebnis der Politik der weißen Vorherrschaft. Weiße Vorherrschaft setzt schwarze Unterlegenheit voraus (...) Aufgrund dieser Einstellung neigen die Weißen dazu, Afrikaner als eine besondere Gattung Mensch zu betrachten. Sie sehen sie nicht als Menschen an, die ihre eigenen Familien zu versorgen haben; sie nehmen nicht zur Kenntnis, daß sie Gefühle haben – daß sie sich ebenso wie Weiße verlieben, daß sie ebenso wie die Weißen mit ihren Frauen und Kindern zusammenleben möchten; daß sie genug Geld verdienen möchten, um ihre Kinder anständig zu versorgen, zu ernähren, zu kleiden und zur Schule zu schicken (...) Afrikaner brauchen für ihre Arbeit einen Lohn, von dem sie leben können. Afrikaner wollen Arbeiten verrichten, zu denen sie fähig sind, und keine Arbeiten, zu denen sie die Regierung für fähig erklärt (...) Afrikaner möchten Teil der allgemeinen Bevölkerung und nicht gezwungen sein, in Gettos zu leben. Afrikanische Männer möchten mit ihren Frauen und Kindern dort zusammenleben, wo sie arbeiten, und nicht zu einem unnatürlichen Leben in Männerwohnheimen gezwungen werden (...) Afrikaner möchten auch nach elf Uhr abends noch ausgehen dürfen und nicht wie kleine Kinder auf ihren Zimmern bleiben müssen (...) Afrikaner möchten einen gerechten Anteil an ganz Südafrika; sie möchten Sicherheit und eine anerkannte Stellung in der Gesellschaft. Vor allem wollen wir gleiche politische Rechte, weil sich ohne diese an unserer Benachteiligung nichts ändern wird (...) Es ist nicht wahr, daß das Wahlrecht für alle zur Vorherrschaft einer Rasse führen wird. Unterschiedliche politische Rechte, die auf der Hautfarbe basieren, sind etwas völlig Künstliches, und wenn sie abgeschafft werden, so wird auch die Herrschaft einer Rasse über die andere verschwinden. Dafür kämpft der ANC. Das ist ein wahrhaft nationaler Kampf. Es ist der Kampf des afrikanischen Volkes, der aus eigenen Leiden und eigenen Erfahrungen hervorgegangen ist. Es ist ein Kampf für das Recht auf Leben.«

Mandela schweigt und legt die Papiere weg. Dann blickt er dem Richter in die Augen und spricht seinen Schlusssatz frei: »Ich habe mein Leben dem Kampf des afrikanischen Volkes geweiht. Ich habe gegen weiße Vorherrschaft und ich habe gegen schwarze Vorherrschaft gekämpft. Ich bin stets dem Ideal einer demokratischen und freien Gesellschaft gefolgt, in der alle Menschen friedlich und mit gleichen Möglichkeiten zusammenleben.

Für dieses Ideal lebe und kämpfe ich. Aber wenn es sein muß, bin ich bereit, dafür zu sterben.«

Nelson Mandela hat gerade Geschichte geschrieben. Die Rede findet weltweit Beachtung und Anerkennung und die Welt reagiert.

Protestbriefe aus aller Welt erreichen die südafrikanische Regierung. Der UN-Sicherheitsrat fordert bei nur vier Stimmenthaltungen die südafrikanische Regierung dazu auf, den Rivonia-Prozess zu beenden und die Angeklagten zu begnadigen. Internationale Gewerkschaften zeigen Solidarität. Hafenarbeiter in der ganzen Welt weigern sich, Schiffe mit Ladungen aus Südafrika zu entladen. Der russische Präsident Leonid Breschnew bittet den damals regierenden Premierminister Hendrik Verwoerd in einem persönlichen Brief um Milde. Mitglieder des amerikanischen Kongresses protestieren, Angehörige des britischen Parlaments ziehen in einem Protestmarsch durch die Londoner City. Der amerikanische UN-Botschafter bemüht sich um Gnade für die Angeklagten, ebenso der britische Außenminister.

Das alles wirkt. Die Angeklagten werden nicht zum Tode verurteilt, sondern bekommen lebenslänglich. Nelson Mandela und seine Mitangeklagten verschwinden nun für mehr als ein Vierteljahrhundert im Gefängnis. Aber sie gehen erhobenen Hauptes, als Symbole für Freiheit und Gerechtigkeit, als Vertreter eines Volkes, das frei sein will und eben deshalb seine Häftlinge im Gefängnis nicht vergisst.

Das Leben im Gefängnis ist hart, darauf ausgerichtet, den Willen der Gefangenen zu brechen, sie zu demoralisieren und zu demütigen. An Nelson Mandela zerschellt diese Strategie. Er verliert niemals seine Würde. Er entwickelt auch nicht, wie es normal wäre, Hass gegen seine Peiniger, sondern bleibt innerlich ein freier Mensch, beweist die Wahrheit des Satzes von Friedrich Schiller: »Der Mensch ist frei, und wäre er in Ketten.«

Mandela erkennt in den Gefängnisaufsehern, die den Gefangenen das Leben zur Hölle machen, nicht den Feind, sondern den Mitmenschen. Und der ist, genau wie er selbst, ein Opfer des Systems, scheinbar mächtiger als er, mental jedoch unfreier als er. Daher begegnet er den Aufsehern höflich, ja freundlich, niemals die Hoffnung aufgebend, dass sie sich ändern können, denn, so schreibt er in seiner Biografie: »Niemand wird geboren, um einen anderen Menschen wegen seiner Hautfarbe, seiner Lebensgeschichte oder seiner Religion zu hassen. Menschen müssen zu hassen lernen, und wenn sie zu hassen lernen können, dann kann ihnen auch gelehrt werden zu lieben, denn Liebe empfindet das menschliche Herz viel natürlicher als ihr Gegenteil.«

Während er im Gefängnis sitzt, gehen draußen die Auseinandersetzungen weiter. Arbeiter und Studenten streiken und demonstrieren gemeinsam gegen das Regime. Von außen nimmt der Druck auf die weiße Herrschaft immer mehr zu. 1976 wird in Soweto bei Johannesburg eine Demonstration von Schülern und Studenten gewaltsam niedergeschlagen, etwa 250 Schwarze werden getötet. Das führt zu noch härteren Auseinandersetzungen und lässt die Mitgliederzahl des ANC trotz seines Verbots noch weiter ansteigen. Südafrika entwickelt sich nun endgültig zu einem Polizeistaat.

Die Entwicklung treibt auf bürgerkriegsähnliche Zustände zu. Die Regierung verliert trotz ihres brutalen Vorgehens immer mehr die Kontrolle und auch den Rückhalt im Ausland, das mit wachsendem Druck die Freilassung Nelson Mandelas und der übrigen politischen Gefangenen verlangt. Im Februar 1985 bietet die Regierung Mandela die Freilassung an unter der Bedingung, auf den bewaffneten Kampf zu verzichten.

Das lehnt er ab. »Ihr wollt nur Ruhe«, sagt er, »ich aber will Frieden«.

Aber das Regime bekommt keine Ruhe mehr, seine Zeit läuft

ab. Endgültig zu Ende geht es mit der weißen Diktatur, als in Berlin die Mauer fällt und der Kommunismus zusammenbricht. Die kommunistische Gefahr ist damit aus der Welt, antikommunistische Bollwerke wie Südafrika braucht es nun nicht mehr. Aber nun ist auch dem letzten Amerikaner klar, dass vom ANC in Südafrika keinerlei Gefahr für den Weltfrieden ausgehen kann. Südafrika verliert damit auch den letzten noch vorhandenen Rückhalt in England und den USA und hält dem internationalen Druck nur noch wenige Monate stand.

Im Februar 1990 wird Nelson Mandela aus dem Gefängnis entlassen und das Verbot des ANC aufgehoben. Am Tag seiner Freilassung leitet Mandela in einer Rede vor 120 000 jubelnden Zuhörern im Stadion von Soweto öffentlich seine Politik der Versöhnung (reconciliation) ein, indem er »alle Menschen, die die Apartheid aufgegeben haben«, zur Mitarbeit an einem »nichtrassistischen, geeinten und demokratischen Südafrika mit allgemeinen, freien Wahlen und Stimmrecht für alle« einlud.

Nun kommt es erstmals zu echten Verhandlungen unter Gleichen – Schwarzen und Weißen – über die Zukunft Südafrikas. Freie und allgemeine Wahlen sind das Ziel. Ein friedliches Zusammenleben aller Rassen, auch der Weißen, wird angestrebt. Der Jubel der Schwarzen über diese Entwicklung war vergleichbar mit dem Jubel der Deutschen nach dem Fall der Mauer.

Und auch der den beiden Ereignissen folgende Katzenjammer war vergleichbar, denn der überschäumenden Freude folgte die ernüchternde Erkenntnis: Freiheit ist nicht dasselbe wie Ordnung, Wohlstand und Glück. Freiheit verleiht den Menschen zwar Würde und ist eine Voraussetzung für Ordnung, Wohlstand und Glück. Aber diese müssen erst noch gemacht werden, und das ist mühsam, besonders für Menschen, die nie gelernt hatten, ihr Leben in Freiheit zu gestalten.

Der Verhandlungsprozess in Südafrika wurde daher immer

wieder von blutigen Anschlägen einer nie gefassten »Dritten Kraft« überschattet und stand oft kurz vor dem Scheitern. All die jungen Menschen, die ohne jede Chance aufgewachsen sind, denen jede Bildung verwehrt wurde, was sollten sie tun? Wohin mit dem Hass, der sich in einem halben Jahrhundert Apartheid aufgestaut hatte? Wohin mit der Ungeduld und den enttäuschten Hoffnungen der Menschen, die sich nun ganz schnell eine spürbare Verbesserung aller Verhältnisse erwartet hatten?

Die zunehmende Gewalt im Land, die Ermordung von Chris Hani, dem Generalsekretär der Kommunistischen Partei (SACP), und die Unzufriedenheit der schwarzen Bevölkerung wegen ausbleibender sozialer Reformen zwangen die Verhandlungspartner zu raschem Handeln: Sie einigten sich darauf, die ersten allgemeinen Wahlen schon im April 1994 abzuhalten.

Diese Wahlen waren für die schwarze Bevölkerung so etwas wie ein Hochamt. Mit fast weihevoller Andacht schritten sie zu den Urnen. Die internationale Wahlkommission erklärte die Wahlen für »frei und fair«. Mandelas ANC verfehlte knapp die Zweidrittelmehrheit, die burische NP erhielt 20,4 Prozent, die streng antikommunistische Inkatha-Freiheitspartei IFP 10,5 Prozent. Am 2. Mai 1994 wurde Nelson Mandela Präsident der Südafrikanischen Union.

Wie versprochen, setzte Nelson Mandela den Schwerpunkt seiner Politik auf Aussöhnung und Einbindung aller Bevölkerungsgruppen. Erzbischof Desmond Tutu, Friedensnobelpreisträger und prominenter Apartheidgegner, fand das Symbol, mit dem sich alle Südafrikaner identifizieren konnten. Er nannte sie »das Regenbogen-Volk Gottes«.

Die Verbrechen der Vergangenheit wurden mithilfe der »Wahrheits- und Versöhnungskommission« unter dem Vorsitz Desmond Tutus aufgearbeitet. Unter dem Motto »Vergeben, aber nicht Vergessen« sollten die Vergehen aller Parteien aufgedeckt, geständigen Tätern Amnestie gewährt und Opfern zumindest eine symbolische Entschädigung gezahlt werden. Bei der Kommission erfuhren viele Opfer der Apartheid zum ersten Mal etwas über den Verbleib und das Schicksal ihrer vermissten Angehörigen. Der dreijährige – oft schmerzhafte – Prozess scheint für viele Menschen eine reinigende Wirkung gehabt zu haben.

Die Aussöhnungspolitik Mandelas fiel auf fruchtbaren Boden. 70 Prozent der Bevölkerung bewerten die ethnische Vielfalt des Landes als positiv, wie aktuelle Umfragen zeigen. Freie Wahlen sind selbstverständlich geworden, aber zahlreiche Probleme sind bis heute ungelöst. Nach wie vor gibt es große soziale Unterschiede und Defizite bei der Bildung. Die Armut und Arbeitslosigkeit, insbesondere in den ehemaligen schwarzen Townships, ist hoch. Südafrika gehört zu den Ländern mit der höchsten Kriminalitätsrate. Wohlhabende ziehen sich daher in abgesicherte Siedlungen zurück, weniger Wohlhabende leben gefährlicher. Der ehemalige Rassenkonflikt ist einem Klassenkonflikt gewichen. Armut, Aids, Gewalt sind die größten Probleme der jungen Republik.

Und dennoch: Die Regierung bemüht sich, mittels sozialer Programme, Weiterbildungs- und Arbeitsbeschaffungsmaßnahmen den sozialen Konflikt abzuschwächen. Der von vielen erwartete politische und wirtschaftliche Niedergang ist ausgeblieben. Der Einsatz des Unruhestifters Rolihlahla Nelson Mandela trägt Früchte.

1999 hat sich Mandela aus dem offiziellen politischen Leben zurückgezogen, arbeitete jedoch noch als Anwalt für soziale und Menschenrechts-Organisationen. Seine Abschiedsrede am 29. März 1999 beendete er mit den Worten: »Der lange Weg geht weiter.«

Sein langer Weg endete am 5. Dezember 2013. Im Alter von 95 Jahren starb er im Kreis seiner Familie in seinem Haus in Johannesburg. Die ganze Welt hielt inne, als sich die Todesnachricht verbreitete. Die Menschen auf den Straßen in Südafrika weinten. Aber vor allem: Sie sangen und tanzten. Zehn Tage lang – von Mandelas Todestag bis zu seinem Begräbnis – waren die Straßen Johannesburgs erfüllt von den Gesängen und Tänzen der Trauernden. Sie beklagten nicht den Tod ihres Idols, sondern feierten sein Leben und das, was er für sie getan hatte.

Sein Begräbnis geriet zum Symbol seines Lebens aus Kampf, Konflikt, Triumph und Versöhnung. Dass er es in seinem hohen Alter und in der kurzen Spanne seines Lebens in Freiheit in Südafrika nicht mehr so richten konnte, wie er es sich eigentlich erträumt hatte, sein Land nach wie vor gespalten ist in arm und reich, und seine politischen Nachfolger Zwerge sind im Vergleich zu ihm, das wurde offenbar, als Jacob Zuma, der amtierende Präsident, zur Trauerfeier ins Soccer-City-Stadion von Johannesburg kam. Nur kurz brandete Beifall auf, dann setzten sich die Buhrufe durch, die während der gesamten Trauerfeier nicht aufhörten.

Das Volk ist enttäuscht von Mandelas Nachfolgern in der Regierungspartei ANC, die diesen Staat, dessen Fundament Nelson Mandela gelegt hatte, als Selbstbedienungsladen missbrauchen. Es wird neue Kämpfer brauchen, die im Geist Mandelas den korrupten Herrschern das Handwerk legen.

Aber selbst im Tod hatte Mandela auch noch die Kraft, Menschen friedlich zusammenzubringen, die eigentlich Gegner sind, sogar Feinde. Bei seiner Trauerfeier mussten sie einander die Hand geben: US-Präsident Barack Obama schüttelte dem kubanischen Präsidenten Raúl Castro die Hand, dem Bruder des Erzfeindes Fidel Castro. Der französische Präsident François Hollande reichte seinem innenpolitischen Gegner Nicolas Sarkozy die Hand.

Dass Obama hier war, ließ vergessen, wie hilfreich die CIA bei der Festnahme Mandelas einst gewesen ist und Mandela in den

USA erst im Jahr 2008 von der Liste der internationalen Terroristen gestrichen wurde. Die Anwesenheit des britischen Premiers David Cameron ließ vergessen, dass die frühere britische Premierministerin Margaret Thatcher Mandelas ANC als »Terrororganisation« bezeichnet hatte. So beschämte Mandela noch im Tod die Gegner, mit denen er sich längst versöhnt hatte.

Die Botschaft Nelson Mandelas werde »weiterhin Freiheitskämpfer inspirieren und Völkern in der Verteidigung gerechter Anliegen und universeller Rechte Zuversicht geben«, sagte François Hollande. »Er überwand Rasse und Klasse in seinen persönlichen Taten, durch seine Wärme und durch seinen Willen, zuzuhören und sich in andere hineinzufühlen«, sagte der Erzbischof Emeritus Desmond Tutu.

Es wird lange dauern, bis es wieder einen Menschen geben wird wie Nelson Mandela.

Stephan Kaußen

MANDELAS SÜDAFRIKA – GESTERN UND HEUTE

Wenn ein Land eine Ikone hervorbringt, die mindestens auf einer Stufe mit Legenden wie Mahatma Gandhi oder dem Dalai Lama steht, ist es dann nicht die Pflicht dieses Landes, seiner Gesellschaft und Politik, dessen Erbe hochzuhalten? Aber nicht nur in würdigendem Respekt oder beinahe ehrwürdigem Abstand, nein auch im Alltäglichen? Im ständigen Zusammenleben und Bemühen um Besserung?

In Südafrika bestand alle Hoffnung, aus der Überwindung der Apartheid und mit dem gelebten »Role Model«, dem Vorbild eines Nelson Mandela, eine dauerhafte Veränderung hinzubekommen. Eine echte »Transformation«, wie es Politikwissenschaftler und Historiker nennen würden. Aus der Rebellion konnte die Freiheit erwachsen, aus der Freiheit die Demokratie. Doch was ist dann daraus geworden? Wie sehr hat sich Südafrika grundlegend verändert? Wie darf und muss man die Lage heute einschätzen? Auch übrigens im Vergleich zu anderen Staaten, die ähnliche Prozesse durchlaufen haben?

Das sind die Leitgedanken und Fragen der nun folgenden Überlegungen. Ist aus der »Transition«, also dem Übergang einer autoritären Ordnung in eine eher offene, freie, gleiche und demokratische Staatsform auch eine tief greifende, nachwirkende Transformation, also ein echter Wandel geworden?

Wenn diese Fragen mit eher skeptischem Unterton gestellt

werden, dann lässt das erahnen, dass die Antwort darauf kein klares Ja sein kann. Eher wohl ein »Na ja«. Doch, vergessen wir nicht: Noch ist der Übergangsprozess Südafrikas im Gange! Und eines hat Südafrika ganz sicher gewonnen: Ein hohes Maß an Stabilität. Das ist ein Wert an sich, gerade im internationalen Vergleich!

Eine Einordnung des Bisherigen sowie eine Annäherung an die Realitäten im »Neuen Südafrika« soll nun hier versucht werden. Zu Ehren der Jahrhundert-Gestalt Nelson Mandela!

Eine Welt in einem Land

Südafrika ist ein sehr komplexes Land. Eine höchst komplexe Gesellschaft. Und der offizielle Slogan »Eine Welt in einem Land«, mit dem es touristisch für sich wirbt, hat auch sozialpolitisch seine Berechtigung.

Südafrika ist ein sehr heterogenes Land. Das war es in den zurückliegenden gut 350 Jahren seit der ersten weißen Besiedlung immer – und ist es bis heute. Südafrika ist das Land am »Kap der Guten Hoffnung«, wo sich Hoffnungen erfüllten. Und wo sich die erhofften und erreichten Realitäten mit Enttäuschungen und Ernüchterungen wohl in etwa die Waage halten.

Südafrika war und ist ein Land von Schwarz und Weiß. Und von vielen Grautönen, mit unendlichen Schattierungen. Es ist bunt und gleichzeitig auch matt. Es ist strahlend hell und gleichzeitig dunkel. Es ist lachend und gleichzeitig weinend.

Eines ist Südafrika aber praktisch nie: Emotionslos. Es ist immer streitbar. Es ist immer aufgewühlt. Aufgewühlt wie der Altantik und der Indische Ozean, die es wie ein V eines nichtgleichschenkligen Dreiecks umschließen. Es ist immer auch im Kampf mit sich selbst. Es ist so heterogen, wie eine Gesellschaft nur sein kann. Es ist jeden Tag, ja jede Stunde und jedes Jahr aufs Neue auf der Suche nach sich selbst. Nach dem neuen Südafrika.

Das merkt man sofort beim Erstkontakt mit dieser Gesellschaft. Besonders als Europäer. Und Südafrika ist deshalb nicht zuletzt auch hoch spannend. Vielleicht nähert man sich dem Land deshalb am besten mit einer eher banalen Frage: Ist das berühmte Wasserglas nun halb voll oder halb leer am Kap der Guten Hoffnung? Überwiegen die positiven oder negativen Dinge? Was wurde erreicht – seit, mit, durch und nach Nelson Mandela? Was aber eben auch nicht?

Nun ist es, wie gesagt, noch zu früh und ohnehin eher unmöglich, diese Fragen allumfassend zu beantworten. Eher tendenziell könnte es aber gelingen. Ja, Südafrika hat es zu einer »echten Demokratie« geschafft! Mit umfassenden Bürgerrechten, die vor 30 Jahren noch beinahe undenkbar schienen. Mandela sei Dank!

Das erste und oberste Recht in einer Demokratie ist das Wahlrecht. »One man one vote«, wie es in ehemals britischen Kolonien bis heute heißt. Und was zum Glück natürlich auch »one woman one vote« einschließt. Diese kurze Aussage umfasst aber nicht weniger als eine grundsätzlich positive Gesamteinschätzung: Südafrika ist zu einem »normalen« Staat geworden. Seit 1994, als Mandela und sein African National Congress (ANC) die Macht übernahmen. Nelson Mandela wurde zum ersten von allen Südafrikanern frei gewählten Präsidenten, was welthistorisch nicht weniger als eine Sensation war. In einem Land, das länger als jedes andere systematisch an der Trennung nach Rassen festhielt, konnte ein ehemals strikt Benachteiligter Präsident werden. Respekt!

Das Wunder der friedlichen Revolution

Nun gibt es viele Länder und Regionen der Erde, in denen ein ehemaliger »Staatsfeind« die Macht übernahm. Zumeist aber erst nach einer »echten« Revolution. Nach Bürgerkrieg und klarer Aufteilung in Sieger und Besiegte. Und genau das ist in Südafrika anders. Pro forma gibt es nur Sieger, so kurios das klingen mag. Denn weder die zuvor allein herrschenden Weißen mussten ihre Rechte und ihren Besitz abgeben noch sind den bis 1994 formell so benachteiligten Schwarzen und Farbigen Einschränkungen auferlegt. Aus einem »closed shop« wurde eine »open society«.

Der Prozess freier Wahlen steht jetzt allen Bürgern offen. Zudem gibt es den Rechtsstaat und damit die Gleichheit vor dem Gesetz. Das ist nicht weniger als revolutionär. Immer noch. Auch wenn die Südafrikaner sich mittlerweile an diese vermeintliche »Selbstverständlichkeit« gewöhnt haben, gilt es diese Revolution zu betonen. Sie war sogar eine friedliche Revolution!

Trotz des über Jahrzehnte köchelnden inneren Unfriedens hat es in Südafrika nie einen offenen Bürgerkrieg gegeben. Keine bewaffneten Kampfhandlungen in größerem Ausmaß. Wohl aber eine »Verhandelte Revolution«.

Gründe und Anlässe für einen offenen Bürgerkrieg hätte es praktisch jederzeit genug gegeben. Und ja, es gäbe sie wohl auch heute immer noch. Zu ungleich sind die Wohltaten und Wohlhabenden verteilt, als dass man von »echter Gleichheit« sprechen könnte. Sozialpolitisch. Sozioökonomisch. Kaum ein Land der Welt war und ist so ungleich wie Südafrika!

Und doch gibt es dieses Mindestmaß an Gleichheit oder Gleichberechtigung. Vor dem Gesetz. Und diese wurde herausverhandelt, nicht erkämpft. Warum? Weil eben dieser Nelson Mandela, diese Lichtgestalt, es so eingefordert und vorgelebt hat!

Nelson Mandela ist ein Phänomen. Ein welthistorisch einmaliges. Eine heroische Erscheinung. Wenn auch mit Ecken und Kanten – und, ja, natürlich auch mit einigen Fehlern. Gerade im Management der alltäglichen, praktischen Politik. Dank Nelson Mandela konnte aber der Ausbruch eines das ganze Land erfassenden Bürgerkrieges verhindert und stattdessen die Revolution gemeinsam verhandelt werden. Über Jahre und irgendwie sogar bis heute. Mandela wirkt nach.

Nun mag man berechtigterweise einwenden, dass Mandela schon einige Jahre tot und demnach nicht mehr in Verhandlungen zugegen sei. Richtig. Aber auch falsch. Denn wohl keine Gesellschaft lebt den Geist einer Legende so weiter wie die südafrikanische. Warum?

Madiba Magic

Nelson Mandelas Erbe ist das neue Südafrika. Das in weiten Teilen zwar auch noch das alte ist, aber dazu später mehr. Das neue Südafrika ist frei. Multikulturell. Von grandioser Schönheit. Landschaftlich mit saftigem Grün, Wüsten, Savannen, wilden Tieren und faszinierenden Berglandschaften, dazu felsigen Küsten und traumhaften Sandstränden. Und gesellschaftlich mit all seinen verschiedenen Bevölkerungsgruppen und Kulturen. Es ist voller Energie. Voller »good vibrations«. Aber auch voller Gefahren, Tristesse und Hoffungslosigkeit.

An Letzterem konnte auch die lebende und verstorbene Legende Nelson Mandela nichts ändern. Auch er nicht.

»Madiba«, wie ihn die Südafrikaner – der Sprache der Xhosa entlehnt – väterlich ehrenvoll und ehrfürchtig bewundernd nennen, schaffte auch nur teilweise und temporär seine »Madiba Magic«. Diesen Begriff, den man nicht einfach so ins Deutsche und in unser europäisches Verständnis übersetzen kann, kennt in

Südafrika jedes Kind und jeder Greis. Jede Frau und jeder Mann. Egal ob schwarz oder weiß. Er beschreibt eine spezielle Aura dieses Nelson Mandela, seinen regelrecht vorgelebten Humanismus.

Madiba Magic ergriff die neue Nation Mitte der 1990er-Jahre. Nach den langen Jahrzehnten der gesellschaftlichen Kälte und Konfrontation erfüllte Mandela das Land mit nie gekannter Wärme. Der so unglaublich »coole« Präsident Mandela erschien und tanzte zu offiziellen Anlässen in seinen ihm so eigenen Shirts. Den bis heute legendären »Madiba-Shirts«. Oder manchmal auch in Sport-Trikots. Ganz bewusst. Denn alle Südafrikaner definieren sich sehr stark über ihre Ethnie, ihre Kultur und auch ihren Sportsgeist. Genauer: Über ihre jeweilige Ethnie, Kultur und ihren jeweiligen Sport, was Mandela dann sehr geschickt zu nutzen wusste. Indem er Brücken baute, wo vorher trennende Gräben klafften.

Im jeweiligen Verbindenden der einzelnen Gruppen lag ja gleichzeitig immer auch etwas Trennendes. Etwas Exklusives. Das spaltete die Gesamtgesellschaft über Jahrzehnte – und tut es zum Teil bis heute. »Wir« und »Die«, das ist bis heute ein Muster, das Südafrika prägt. Und das dem ganz großen WIR im Wege steht.

Was in einer so heterogenen Gesellschaft nicht verwundert, 1994–1996 wäre es aber fast ausgehebelt worden. Dank Madiba Magic, dieser Umarmungsstrategie eines Staatschefs, der gütig, lächelnd und demütig das Trennende überwinden wollte. Der Höhepunkt des neuen, zumindest fast gänzlich geeinten Südafrika lag also zwischen 1994 und 1996. Auf dem Höhepunkt diverser Feierlichkeiten.

1994 war das zum ersten Mal zu spüren, als Nelson Mandela Präsident wurde. Obwohl nicht alle Südafrikaner damals gleich in den ersten Jubelchor einstimmen wollten. Zu groß waren die Differenzen zwischen Schwarzen und Weißen – noch. Zu groß die

Angst vor Rache und Ressentiments, vor allem bei den Weißen. Vor allem bei den konservativen, ja auch rechten Weißen, die den Schwarzen nicht trauten.

Nelson Mandela war nicht ihr Präsident. Noch nicht. Und bei manchen Ewiggestrigen wurde er es auch nie. Aber nur bei wenigen. Die »Verkrampten«, wie man in Südafrika sagt, also diejenigen, die krampfhaft die alte Ordnung bewahrt sehen wollten, wurden weniger. Dank Nelson Mandela. Und dank der Regierung der Nationalen Einheit. Dank des »Government of National Unity« (GNU). Dieses in Politik und Volksmund so genannte und in vielen südafrikanischen Cartoons so gezeichnete »GNU«, wie ja auch ein in Afrika weit verbreitetes Tier der Savanne heißt, lernte tatsächlich zu laufen!

Oder besser gesagt zu gehen. In kleinen, sorgsam bedächtigen Schritten. Richtig ans Laufen kam es wohl eher nicht. Heute ist aber doch zumindest Kooperation »the name of the game«, wie man in Südafrika sagt. Die Zusammenarbeit der einst Getrennten ist oberstes Gebot. Gott sei Dank! Oder besser: Mandela sei Dank! Dem Geist und Wirken Nelson Mandelas. Ein Hoch auf dessen emotionale Umarmungsstrategie. Nur der bewusst vorgelebte Geist der Versöhnung hatte das Schlimmste verhindert. Und das Gute erst ermöglicht. Dank Madiba Magic.

Versöhnung durch Sport

Diese Magie Mandelas kam nun an zwei Stellen ganz besonders zum Vorschein, die bis heute als historische Einschnitte in der Geschichte Südafrikas gewertet werden dürfen. Nein müssen. Und die in der gesamtgesellschaftlichen Betrachtung noch wichtiger waren als der Amtsantritt des Präsidenten Nelson Mandela. Während Weiß und Schwarz also trefflich über den politischen

Mandela streiten konnten und das bis heute ja auch tun, herrscht Einigkeit über den symbolischen Mandela, wenn man so will.

Seine größten Gesten fanden nicht etwa am Präsidentensitz, im Parlament oder in einer anderen politischen Arena statt, sondern im Sportstadion. In Johannesburg, dem wirtschaftlichen und gesellschaftlich höchst umstrittenen Zentrum Südafrikas. Nelson Mandela verkörperte die neue nationale Einheit durch nichts so sehr wie das Tragen des Shirts einer Nationalmannschaft. Nicht irgendeiner Nationalmannschaft, sondern d e r Nationalmannschaft. Der »Springboks«, wie das Rugby-Nationalteam am Kap genannt wird.

1995 trat Nelson Mandela, seines Zeichens bis dato also eher der Präsident aller Schwarzen und eher verhältnismäßig weniger Weißer, zum ersten Mal als lebende Legende in Erscheinung: Im so brisanten Trikot der »Springboks«, also der kampfstarken Rugby-Springböcke, die mit dem alten Regime verbandelt waren, schritt der schwarze Präsident zur Siegerehrung auf den »heiligen Rasen« im Ellis Park. Der »heiligen Stätte« der Buren schlechthin, die die Springboks konsequent als »ihr« Team ansahen. Auch die britischstämmigen Südafrikaner hingen zwar an den Springboks, aber dieses Symbol Nelson Mandelas ging eindeutig an die Buren. An die Verkrampten!

Seht her, ich als schwarzer Präsident überreiche dem weißen Kapitän der – bis auf eine schwarze Ausnahme – gänzlich weißen Nationalmannschaft den Weltmeisterpokal. Der ganze Ellis Park war geschockt. Positiv geschockt. Ganz Südafrika war geschockt. Positiv!

Geburtsstunde des neuen Südafrika

Voller als in diesem Moment sollte das südafrikanische Wasserglas nie mehr werden. Leider. Denn in dieser Geste, in dieser Nacht des Jubels von Johannesburg wurde 1995 praktisch allen Südafrikanern zum ersten Mal so richtig klar: Wir sind ein WIR! Wir sind Eins, wir alle sind Südafrika!

Nelson Mandela hatte das Highlight der Versöhnung gesetzt. Er hatte mit engelsgleichen Zungen geredet, ohne viel gesprochen zu haben. Er hatte »lediglich« das »heilige« Trikot der einstigen Unterdrücker übergestreift und sein breites, von da an beinahe auch weltberühmtes Grinsen, sein Lachen, sein Strahlen aufgesetzt. Und dieses Strahlen strahlte ab auf alle. Fast alle.

Madiba Magic war geboren. Diese Fähigkeit, einem Magier gleich unmögliche Dinge zu schaffen. In diesem Falle die Versöhnung zwischen Schwarz und Weiß. Und auch wenn diese spontane Euphorie der Versöhnung eher nur für eine lange Partynacht und einige Tage danach anhielt, so war sie doch d a s Highlight des neuen Südafrika. Dessen eigentliche Geburtsstunde!

Versöhnung war das Gebot der Stunde. Nicht Rache. Oder um es mit den Südafrikanern zu sagen: »Reconciliation is the name of the game now!« Und es war eben kein Zufall, dass diese Geste der Versöhnung auch, nein besser n u r im Rahmen des Sports hatte stattfinden können. Jeder Südafrikaner wusste das, oder spürte es zumindest intuitiv. Denn während man in vielen Bereichen des Lebens eher den Intellekt bemüht, und in der Politik zumal, kommt es im Sport auf die Emotionen an. Und Nelson Mandela hatte genau den »trigger point« getroffen. Bei Weißen und Schwarzen wohlgemerkt. Nie vorher und nie mehr danach waren sich die Südafrikaner so nah wie in diesen Tagen. Dank Madiba Magic.

Keine Einordnung ohne Vergleich

Und nie zuvor oder danach hat es wohl ein Staatsmann geschafft, mit einer einzigen Geste eine ganze Nation quasi neu zu erfinden. Zu heilen. Zumindest temporär. Kein Mahatma Gandhi in Indien, kein Che Guevara auf Kuba. Und erst recht kein Barack Obama als erster schwarzer Präsident in den USA, der aufgrund struktureller Hemmnisse nie annähernd einen solchen »Kultstatus« erreichen konnte wie Nelson Mandela. Selbst unter den Schwarzen nicht.

Auch wenn dies einen ersten, vielleicht überraschenden Ausflug in die Weltpolitik darstellt, wird es nicht der letzte in diesem Buch bleiben. Denn: Keine Einordnung ohne Vergleich! Während man kaum darüber streiten kann, dass die Spaltung der USA in der Ära Obama größer geworden ist, als sie es vorher ohnehin schon war. Und während man nicht wird bestreiten können, dass sie unter Donald Trump als Präsident nochmals signifikant angewachsen ist, darf man mit einem der größten Komplimente der Weltgeschichte diesem Nelson Mandela attestieren, mit seiner Madiba Magic ein »Wunder« vollbracht zu haben. Das Wunder der friedlichen Transition.

Das klingt pathetisch. Das ist pathetisch. Und das ist auch genau so gemeint. Kein Martin Luther King konnte auch nur die schwarze Bürgerrechtsbewegung in den USA der 1960er-Jahre annähernd so auf sich vereinen wie ein Nelson Mandela in Südafrika. Noch dazu praktisch ein ganzes Land, ja sogar einen ganzen Kontinent konnte Mandela hinter sich versammeln, irgendwann einmal und irgendwie. Und so viele andere von Freiheit und Gerechtigkeit träumenden Menschen auf dem gesamten Globus.

Es stellt sich unweigerlich aber die Frage, was von all dem in Südafrika, in Afrika oder auch global geblieben ist? Erinnert sich noch jemand an das Wirken Nelson Mandelas? An sein geradezu beispielhaftes Wirken? An sein gelebtes Vorbild? Sicher, 2018 zum 100-jährigen Geburtstag tun das viele. Aber sonst? Im Alltag? Im Alltäglichen der Politik? Oder gar in der Gesamtgesellschaft?

Symbolische Politik

Bevor diese Fragen ansatzweise zu beantworten sind, sei das zweite Highlight von »Madiba Magic« nicht verschwiegen. 1996 kam es zu einem neuerlichen »typischen Mandela«: Wie ein Jahr zuvor nutzte der Präsident, der zeit seines Erwachsenenlebens ein disziplinierter Freizeit-Boxer und auch in der 27-jährigen Haft ein hart trainierender Sportler gewesen war, die große Bühne eines Stadions als Ort einer erneut großen Geste. Diesmal überreichte er den Pokal zur gewonnenen Afrika-Meisterschaft im Fußball. Wieder im Nationaltrikot, wieder an einen weißen Kapitän. Diesmal sollte »Bafana Bafana« das Vehikel symbolischer Politik sein, übersetzt die »Jungs« aus dem Fußball.

Und ähnlich wie 1995 wurde das Land abermals rund um einen sportlichen Triumph versöhnt. Oder sagen wir zumindest vereint. Denn diesmal handelte es sich um eine viel gemischtere Mannschaft als beim Rugby. Schwarze, Weiße und Farbige spielten und siegten gemeinsam. Und das Foto der Pokalübergabe mit Mandela im Trikot, dem weißen Vize-Präsidenten F.W. de Klerk, der bunt gemischten Mannschaft sowie der mehrheitlich schwarzen Funktionäre im mehrheitlich schwarzen, neben dem weißen Rugby und Cricket dritten Nationalsport Fußball, verfehlte seine Wirkung nicht. Der damalige Nationaltrainer Clive Barker, ein weißer Südafrikaner aus Durban, bestätigte mir gegenüber Jahre später: »So geeint wie damals ist Südafrika danach leider nie mehr gewesen!«

Und so gab es wohl selten einen Moment größerer Anteilnahme als 2010, als Nelson Mandela ein letztes Mal auf der großen Sportbühne auftrat. Das heißt, selbstständig aufzutreten, war ihm damals schon nicht mehr möglich. Von Krankheit gezeichnet und vom Kräfte zehrenden Leben als einstmals berühmtester Häftling der Welt sowie als Symbolfigur des Umbruchs ausgelaugt, wurde er über den berühmten Rasen nun also gefahren. Vor dem Finale der Fußball-Weltmeisterschaft in Südafrika kutschierte ein Golf-Mobil Madiba samt Erinnerungen an seine Magic ein letztes Mal durchs weite Rund.

Wieder in Johannesburg, als dritter Akt einer Trilogie in der Stadt des Goldes. »Egoli« nennen viele Schwarze Johannesburg nämlich, also Stadt des Goldes eben. Und wer ein wenig von Südafrika in sich aufgesogen hat über die Jahre und Jahrzehnte des Nelson Mandela in Freiheit, der spürte, dass das kurze »goldene« Zeitalter Südafrikas zu Ende ging. In diesen Augenblicken der Abschiedsrunde von Johannesburg. Symbolik pur! In diesen Augenblicken des Winkens und breiten Lächelns. Des einmaligen Mandela-Lächelns, das so viel Güte, Wärme, Demut und gleichzeitig kindliche Freude auszustrahlen vermochte. Und in dem die Geheimrezeptur der Versöhnung zumindest zu erahnen war.

Großes historisches Momentum

Dieser Moment war das Ende einer Ära, ja fast eines modernen Märchens. Das so hell strahlte wie Nelson Mandela selbst, das aber mittlerweile und schon seit Langem ebenso gebrechlich daherkam, wie auch eben dieser Mandela selbst. An diesem Juli-Abend 2010 von Johannesburg sah man den großen Staatsmann ein letztes Mal in der Öffentlichkeit. Denn auch wenn der damals

92-Jährige noch gut drei Jahre leben sollte, war seine Zeit des greifbaren Wirkens in diesem Moment endgültig vorbei.

Damit gab es den Staatsmann Nelson Mandela in etwa so lange wie einen Helmut Kohl als deutschen Kanzler. Und so wie der Gründervater des geeinten Deutschlands und Europas mit reichlich angekratztem Image abgetreten war, so galt dies nach vielen Jahren der mühseligen Innenpolitik letztlich auch für den Gründungsvater des neuen Südafrika. Nelson Mandela hatte seine große Zeit auf der großen Bühne, nicht im Kleinteiligen, dem Alltäglichen der Politik. Sogar in etwa parallel zum deutschen Bundeskanzler Helmut Kohl. Und das nicht ganz zufällig. Denn während Kohls grandiose epochale Würfe sehr eng mit dem Zusammenbruch des Ostblocks zusammenhingen, galt dies auch für die Ära Mandela.

Obwohl dies eher selten so thematisiert wird, waren wie so oft die großen Männer der Geschichte auch Profiteure der ganz weiten historischen Zyklen. Ganz große historische Linien eröffnen Zeitfenster, die es dann entschlossen zu nutzen gilt. Man könnte von einem Momentum der Geschichte sprechen, das beide Staatsmänner zu erkennen und ergreifen imstande waren.

Man vergegenwärtige sich das Ende der 1980er und den Übergang in die 1990er-Jahre. Oder – noch plakativer – das Ende des »kurzen Jahrhunderts«, wie manche Historiker die Zeit zwischen 1914 und 1989/90 auch nennen. Zwischen Ausbruch des Ersten Weltkrieges und dem Zusammenbruch des Sowjetimperiums durchlebte die moderne Weltgeschichte zahlreiche Dramen, die es so davor und danach nicht mehr geben sollte. Bis jetzt.

Auf 1914 folgte 1917/18 das Kriegsende in Europa und gleichzeitig der Eintritt der USA ins große Weltgeschehen. Zuvor waren die USA ja nur Regionalmacht gewesen, als Nachfolge einer oder mehrerer Kolonien. Dass die USA aus Ex-Kolonien der Europäer entstanden und erst seit 100 Jahren »Global Player« sind, wird gern vergessen. Die Europäer behielten nach der Hochphase des Imperialismus ihre übrigen Kolonien und Weltreiche, parallel zum Entstehen zweier neuer: der USA und der Sowjetunion.

1917 fand die Oktoberrevolution statt, woraufhin aus dem zaristischen Russland die kommunistische Sowjetunion wurde. Ein unerhörter Epochenwechsel, der dieses »kurze Jahrhundert« entscheidend prägen sollte. Genau das Jahrhundert des alten Mandela im alten Südafrika!

Auf die erste Neuordnung Europas durch den Ersten Weltkrieg folgte die zweite, noch dramatischere: der Zweite Weltkrieg. An dessen Ende sollte es zwei deutsche Staaten geben, zwei große Blöcke Ost und West, sowie einen »Eisernen Vorhang«, der den gesamten Kontinent ebenso undurchlässig teilte wie die Berliner Mauer und die »Zonengrenze« Deutschland in Ost und West.

Parallel dazu wurde die Weltgemeinschaft ebenfalls neu geordnet, nämlich durch die »Erfindung« der Vereinten Nationen. Von nun an gab es einen UN-Sicherheitsrat, der sich aus den Kriegsgewinnern USA, Großbritannien, Frankreich und Sowjetunion zusammensetzte, zur Komplettierung der »Großen Fünf« mit China als Veto-Macht.

Auch wenn diese Institution bis heute nie in Ansätzen als Weltregierung funktioniert hat, darf man den Wirkungsgrad dieser Konstellation nicht unterschätzen. Sowohl für Europa als auch für Afrika nicht. Und während die Europäer aufgrund ihrer nun doch geschrumpften Weltmacht bis in die 1960er- und teilweise 1980er-Jahre dann sämtliche Kolonien abgeben mussten, formierte sich ausgehend aus diesem Gravitationszentrum der Macht so etwas wie eine neue Weltordnung. Wenn auch nicht immer als so wirkungsmächtig erkannt: Der Ost-West-Konflikt teilte die Welt nicht nur in Europa auf, sondern global. Bis heute zu erkennen etwa an der Tatsache, dass es ein Nord- und ein Süd-Korea gibt.

Was verbindet nun aber Europa und Afrika? Natürlich zuerst einmal das Ende der Kolonialzeit. Beziehungsweise deren politisches Ende, denn neoimperiale Strukturen der wirtschaftlichen Abhängigkeit bestehen offensichtlich fort. Grob gesagt ist und bleibt der afrikanische Kontinent auf absehbare Zeit Rohstofflieferant für die Industriegesellschaften Europas und der »entwickelten Welt«. Das darf und muss man gerade im Zusammenhang großer globaler Wohlstandsunterschiede und daraus resultierender Migrationsbewegungen beklagen, ist hier zum Zwecke der Analyse zuerst aber einmal nüchtern zu konstatieren.

Europa entließ die Kolonien also in ihre Unabhängigkeit, worauf sich die Weltmächte USA und Sowjetunion grob gesagt die afrikanischen Regionen und Länder als Einflusssphären aufteilten. Nicht friedlich, aber auch nicht offen kriegerisch. Eher strukturell und machtpolitisch, manches Mal aber auch mit der Konsequenz von Stellvertreterkriegen. Bedeutet: In vielen afrikanischen Unabhängigkeitsbewegungen und nachfolgenden Bürgerkriegen bekämpften sich neben einheimischen Interessen auch globale Ideologien und Mächte.

Südafrika nahm in dieser Konstellation lange eine Sonderrolle ein. Denn während praktisch alle Staaten Afrikas im Zuge der Unabhängigkeit »schwarz« wurden, blieb Südafrika noch Jahrzehnte »weiß«. Das klingt nun sehr plakativ, entspricht aber in groben Zügen den Realitäten. Mit dem ebenfalls besonderen Aspekt, dass Südafrika doch auch von Einheimischen regiert wurde, nämlich den weißen Südafrikanern, also den Buren und Britischstämmigen. Sie sind und fühlen sich schlicht als »South Africans«, ebenso wie die Schwarzen. Alle sind tatsächlich »Natives«. Ähnlich gelagert waren außer Südafrika nur dessen unmittelbare Nachbarstaaten, etwa Rhodesien (heute Simbabwe) oder Namibia, die viel später unabhängig wurden als der nördliche, weitaus überwiegende Teil des Kontinents.

Große Zäsur gerade 1989/90

Was geschah nun aber 1989/90? In Deutschland wird jeder Schüler und Bürger sagen: Die Wende. Genau. Und was geschah wohl in Südafrika? Genau, auch die Wende! Dieser Zusammenhang wird viel zu selten erkannt oder zumindest benannt. Denn ohne Michael Gorbatschows Glasnost und Perestroika hätte es das »Neue Südafrika« ebenso wenig gegeben wie ein »Wiedervereintes Deutschland« und ein »Geeintes Europa« im Rahmen der aktuellen Europäischen Union.

So wie nun Helmut Kohl dank der Öffnungspolitik Gorbatschows die Deutsche Einheit und den Ausbau der europäischen Idee vorantreiben konnte, so tat sich auch in Südafrika ein unerwartetes Zeitfenster auf. Ein Momentum der Geschichte. Warum?

Während das »weiße Südafrika« im Rahmen der gerade beschriebenen Aufteilung der Welt in Interessen- und Machtsphären dem westlichen Block zuzuordnen war, stand die Opposition zum Apartheid-Südafrika ideologisch im Osten. Zudem unterstützte der Ostblock die schwarze und weiße, kommunistisch-alternative Opposition zum Apartheid-Regime mit Waffen und militärischer Ausbildung. Ja selbst ein Nelson Mandela war ja Teil dieser oppositionellen Verbindungen zum Ostblock. Er selbst war ideologisch und paramilitärisch geschult worden, bevor er in den bewaffneten Widerstand, dann in den Untergrund und schließlich Anfang der 1960er-Jahre ins Gefängnis ging. Obwohl Mandela immer betonte, von der Prägung her eher »Black Englishman« zu sein. Man könnte auch sagen Liberaler.

Sein ANC war und blieb immer eng verbunden mit den südafrikanischen Gewerkschaften, die traditionell links standen und stehen, sowie mit der ideologisch ja auch klar so benannten SACP, also der South African Communist Party. Der Widerstand der Anti-Apartheid-Bewegung kam, um es nochmals ganz plakativ zu sagen, von links, der konservative Feind stand rechts.

Was hat dies nun mit 1989/90 zu tun? Ganz einfach: Ebenso wie Helmut Kohl die augenscheinliche Schwäche des Ostblocks nutzte, um ungeahnt rasant aus der bipolaren Ost-West-Konfrontation ein offenes Europa zu formen bzw. zumindest mit zu initiieren, so wirkte sich der Kraftverlust der Sowjetunion auch auf die Partner und Alliierten im weltweiten Ostblock aus. Und damit auch auf Mandelas ANC.

Aber wieso sollte nun ausgerechnet der ANC in den kommenden Jahren so stark werden, wenn doch gleichzeitig die Schutzmacht Sowjetunion so schwach wurde? Und 1991/92 sogar gänzlich aufhörte zu existieren? Der Grund liegt im historischen Momentum, nur eine Wendung komplizierter: Südafrika befand sich seit der Gründung der Apartheid in den späten 1940er-Jahren, nach Jahrzehnten großer Streiks und diverser Aufstände wie 1976 in Soweto, und erst recht nach einem intensiven, innenpolitisch konfrontativen Jahrzehnt der 1980er-Jahre im langsamen Dauerzustand der Ermattung. Immer neue Formen des Protests seitens der Opposition lähmten Teile des Apartheidstaates, zumindest aber raubten die ständigen Querelen ein enormes Maß an Energie. Und internationaler Handlungsfreiheit. Denn auch wenn das weiße Südafrika en gros Teil des Westens blieb, schlossen sich Teile der westlichen Welt doch mehr und mehr einer weltweiten Anti-Apartheid-Kampagne an. Legendär das »70th-Birthday-Tribute«-Konzert zum 70. Geburtstag Nelson Mandelas im vollen Londoner Wembleystadion von 1988, wo die Simple Minds ihren Protest-Song »Mandela Day« uraufführten.

Die Konsequenz waren zahlreiche Boykotte gegenüber Südafrika. Sowohl in der Wirtschaft, wenn auch hier eher halbherzig, als auch, wesentlich konsequenter, etwa im Sport. Schon wieder

der Sport, mag man denken, aber tatsächlich war es für die weißen Südafrikaner ein echter Stachel im Fleisch, viele Jahre nicht mehr an internationalen Sportveranstaltungen wie Olympia oder Weltmeisterschaften teilnehmen zu dürfen.

Südafrika war diskreditiert! Südafrika war isoliert. Südafrika saß wegen des offenen, ja sogar institutionalisierten Rassismus auf der weltweiten Anklagebank. Moralisch.

Und dort sitzt niemand gerne. Erst recht nicht dauerhaft. Und nun kommt der Clou. Der Zirkelschluss in dieser Patt-Situation, in der das Regime merkte, nicht dauerhaft so weitermachen zu können, der innere Feind aber auch nicht stark genug war für dessen Überwerfung.

Wenn es also unserem Gegner, dachten die Apartheid-Strategen um Präsident F.W. de Klerk, wenn es also der linken Opposition im Zuge der Schwäche des großen Feindes namens Sowjetunion aktuell und dauerhaft eher schlecht geht, weil die gewohnte Unterstützung ausbleibt, ist das nicht genau der Moment, aus der misslichen Lage auszubrechen? Zumindest aber Kapital zu schlagen? Aus dem Nachteil einen Vorteil zu machen?

In diesem Moment öffnete sich unerwartet ein Fenster. Eine neue Möglichkeit, ein »window of opportunity«. Ähnlich wie bei der Berliner Mauer. Es wurde Weltgeschichte geschrieben und verhandelt. Und das also parallel zu Europa und der westlichen Welt, die ja auch das Erbe der Geschlagenen und Gedemütigten des Ost-West-Konfliktes anzutreten bereit war.

Somit war es ironischerweise nicht Nelson Mandela, der den ersten großen Schritt zum Wandel in Südafrika ging. Er konnte ihn ja auch gar nicht gehen. Schließlich saß er immer noch im Gefängnis und war nicht frei in Worten, Taten und Entscheidungen. Nein, es war F.W. de Klerk, der das Fenster des Momentums öffnete und den »wind of change«, wie ihn die Scorpions besangen, nun auch spürbar durch Südafrika wehen ließ. Ironischerweise verhalf also der letzte Präsident des alten Regimes dem Wandel zum vollständigen Sieg.

Wenn auch unbeabsichtigt. Denn genau wie der erste Mann im Staate der Sowjetunion zwar plante, nötige Reformen durchzuführen, wollte auch der südafrikanische Präsident Veränderungen einleiten, nicht aber sein eigenes, baldiges Ende. Ich habe F.W. de Klerk vor Jahren deshalb auch öffentlich den »Gorbatschow Südafrikas« genannt.

Südafrika als Teil des globalen, neoliberalen Mainstreams

Diese Zusammenhänge sind ganz wichtig, um die langfristigen Folgen des Ost-West-Konflikts für und das Wirken auf Südafrika zu verstehen. Man findet trotz Nelson Mandela, trotz der Revolution und trotz der mittlerweile über 20-jährigen Alleinherrschaft des ja eher linkslastigen ANC eine neoliberale Politik im heutigen Südafrika vor. Auch eben wegen der damaligen und bis heute anhaltenden Schwäche des Ostblocks – und damit dem Fehlen der ideologisch-wirtschaftlichen Alternativkonzepte.

Festzuhalten bleibt, dass der globale neoliberale Konsens auch die südafrikanische Politik dominiert hat! Bis heute, trotz der Revolution. Und ähnlich wie die konsequente Linke heute in der Bundesrepublik Deutschland neben einer sozialdemokratischen Politik der konservativ-liberalen Mitte eher ein Nischendasein fristet, ist es auch in Südafrika geblieben. Wirklich »links« ist das alles nicht. Ganz wertfrei, analytisch-objektiv betrachtet.

Dies als erste kurze Antwort auf die mögliche und absolut berechtigte Frage, warum Mandela und sein ANC eben keine »echte« Revolution durchzogen? Oder gar durchziehen konnten, während ihr Parteiprogramm ebenso wie die in Teilen kommunistisch-marxistische Herkunft der Allianz-Partner doch einen krasseren Wandel nahegelegt hätten. Es fehlte schlicht an realer Macht und an »Zeitgeist«!

Erste und Dritte Welt Tür an Tür

Das Finalstadion der Fußball-WM von 2010, in dem Nelson Mandela also seinen letzten großen Moment hatte, lag und liegt so symbolisch, wie es nur liegen könnte: Zwischen dem neuen und dem alten Südafrika. Ortsbezogen zwischen Downtown Johannesburg und Soweto, gesellschaftlich bezogen zwischen Reich und Arm. Zwischen Hoffnung und Enttäuschung.

Und damit zwischen allen Stühlen, irgendwie. So wie das gesamte Land. Wer diesen Ort bereist, erkennt das Bemühen darum, eine historische Brache zu füllen. Ähnlich übrigens der großen Narben Berlins, etwa des Mauerparks oder des Potsdamer Platzes. Während Letztgenannter mittlerweile ein Eldorado der Moderne geworden ist, bleibt im Mauerpark Berlins der zweifelhafte Charme des ehemaligen Grenzstreifens sicht- und greifbar.

Von diesen Grenzstreifen gibt es immer noch viele in Südafrika. Auch fast 25 Jahre nach 1994. Auch wenn es eine solche physische Mauer der Trennung und echte Grenzen nie gab. Immer noch trennen nicht fixe, sichtbare, aber eben doch spürbare Linien die Welten. Hier zwar nicht zwischen Ost und West, doch aber zwischen Arm und Reich. Was mehrheitlich auch immer noch bedeutet zwischen Schwarz und Weiß.

Aber nicht nur! Denn das moderne Südafrika ist tatsächlich auch in dieser Beziehung ein neues Südafrika. Aus der Rassengesellschaft ist eher eine Klassengesellschaft geworden. Oder besser gesagt gibt es nun beide, sich gegenseitig überlappend.

Während früher das harte Gesetz der Realität besagte, dass schwarz gleichzeitig auch arm bedeutete, findet man heute auch in etwa so viele richtig wohlhabende Schwarze wie Weiße. Mindestens! Auch gibt es mittlerweile einige verarmte Weiße. Das harte Gesetz der Realität lautet aber weiterhin, dass schwarz, zumindest mehrheitlich, auch heute noch arm bedeutet.

Diese Ungleichheiten sind überall im Land zu erkennen. Egal, ob in den Städten oder in der Provinz. Wenn auch vieles und viele seit dem Ende der Apartheid näher zusammengerückt sind, schlicht, weil es die per Gesetz verordnete Trennung nicht mehr gibt.

Seit 1994 darf sich jeder im Lande aufhalten und dauerhaft niederlassen, wie und wo es ihm gefällt. Natürlich mit der Einschränkung, dass man es sich leisten können muss. Freie Marktwirtschaft regiert, statt staatlich verordneter Siedlungspolitik.

Mittlerweile leben schwarze Millionäre ebenso luxuriös wie die weißen Millionäre. Und auch die weiter zu fassenden Ober- und Mittelklassen haben sich angenähert. Was und wer unter sich blieb, sind die armen Schwarzen. Sie hausen auf erbärmlichstem Niveau zu Millionen in den (Vor-)Städten und auf dem Lande. Beziehungsweise mehrheitlich ganz nah an den Städten und nicht mehr so häufig auf dem Lande. Denn auch in diesem Punkt folgen die mittlerweile gut 50 Millionen Südafrikaner einem weltweiten Megatrend: der Verstädterung.

In Südafrika bedeutet Verstädterung aber etwas wirklich anderes als etwa in Deutschland. Zwar wächst auch die untere und obere Mittelschicht in urbanen Zentren an, exorbitant groß ist aber die Zahl der absoluten Habenichtse. Millionen von Schwarzen campieren mehr, als dass sie ernsthaft wohnen. Es ist ein »Hausen«, und zwar in Sichtweite der Städte. Zumindest in Laufweite, denn sie alle erhoffen sich doch irgendwann einmal auch ein Stück vom Glück.

Ihr einziges Stück vom Glück im neuen Südafrika war bislang aber der – immerhin! – ganz große Wurf: die politische Freiheit. Doch wie beklagte Erzbischof Desmond Tutu schon Ende der 1990er-Jahre in unserem Vier-Augen-Gespräch in Kapstadt: »The problem is that you can't eat democracy!«

Tatsächlich werden diese sicher 15-20 Millionen Schwarzen bis heute nicht satt von der Demokratie. Und tatsächlich leben sie weiter in so erbärmlichen Verhältnissen wie unter der Apartheid und wie so weite Teile des Kontinents. Und tatsächlich kann man eben deshalb auch nicht von einer wahrhaft gelungenen Transformation sprechen, weil eben doch noch viel zu vieles beim Alten geblieben ist. Auch im »neuen Südafrika«!

Vom halb leeren Wasserglas

Dieses Wasserglas ist also halb leer. Wenn überhaupt. Und beinahe verbietet sich dieses Wortspiel, diese Analogie. Denn zu trinken gibt es stellenweise ebenso wenig wie zu essen. Zumindest qualitativ Gutes, Gesundes. Nun hat Südafrika in Teilen so etwas wie ein Sozialsystem aufgebaut, das so manchem in der Not hilft. Einverstanden. Aber auf welchem Niveau?

Gemessen an den Versprechungen der ANC-Regierungen vom »better life for all« blieb sehr vieles im Argen. Im ganz Argen! Und manchmal fragt man sich als Beobachter von außen, der das Land analysiert oder auch nur touristisch bereist, warum es keine zweite Revolution gibt? Eine Revolution der Habenichtse gegen die Wohlhabenden? Denn davon gibt es ja ebenfalls Millionen. Nicht ganz so viele wie Habenichtse, aber eben doch Millionen, die quasi wie in einer anderen Welt leben. Nur eben praktisch Tür an Tür.

Südafrika – eine Welt in einem Land! Diese eine Welt, die also aus »Erster« und »Dritter Welt« Tür an Tür besteht, erlebt man nirgendwo so eindringlich wie in Kapstadt. Gleich nach der Landung auf dem super modernen Flughafen, der für die WM 2010 nochmals aufgepeppt wurde, kommt man gar nicht umhin, die Dritte Welt zu bestaunen. Denn egal ob mit dem noch recht neuen Shuttlebus, dem Taxi oder dem Mietauto, praktisch nur ein Weg führt in die Stadt. Der Highway.

Und dieser Highway bietet einem innerhalb von fünf Minuten den absoluten Kulturschock. Gleich nach dem Flughafenareal und der kleinen industriellen Umgebung biegt man auf diesen Highway. Den »highway to hell«, überspitzt formuliert. Denn hier erahnt man die Hölle auf Erden, wenn man die erbärmlichen Blech- und Holzhütten mit ihren Plastikverhauen zu beiden Seiten der Fahrbahn sieht. In denen nicht weniger als Hunderttausende »leben«. Oder ist es mehr »vegetieren«? In der sengenden Hitze des Sommers und der beißenden Kälte des Winters, in offenen Gebäuden. In Verhauen, durch die Wind und kalter Regen peitschen, wenn sich dieses Traumziel Kapstadt in der klammen Jahreszeit von seiner erbarmungslosen Seite zeigt.

Kapstadt hat dann, keine halbe Stunde später, auf der anderen Seite des Tafelberges den traumhaften Ozean zu bieten. Und wenn man die beeindruckende Kaphalbinsel mit dazurechnet sogar zwei. Der Atlantische und Indische Ozean treffen sich genau hier an deren Spitze. Hier ist auch das Leben spitze, wenn man es sich leisten kann. Ganz dicht dran am Kap der Guten Hoffnung.

Von guter Hoffnung ist aber auf der falschen Seite der Stadt nicht viel geblieben. Fast 25 Jahre nach dem Übergang zur Demokratie. Wo bleibt denn nun endlich auch die so oft versprochene wirkliche Veränderung der Lebensverhältnisse? An diesen Menschen entlang des Highways auf der Schattenseite des Tafelberges ist sie bislang komplett vorbeigerauscht.

You can't eat democracy

Demokratie macht eben nicht satt. Und von Erzbischof Desmond Tutu lernen, heißt auch Demut lernen. Aber nicht nur. Auch die soziale Frage zu stellen, kann man an Südafrika lernen. Denn dieser Desmond Tutu hatte ja auch die »Rainbow Nation« erträumt und propagiert. Also das harmonische Zusammenleben in einer vorbildlichen »Regenbogennation«. Und weil die bunten Farben dieses Regenbogens der vielen Volksgruppen in einem Land für so viele weiterhin in fades Grau getüncht sind, kommt die Frage in einem auf: Wie lange kann das noch gut gehen? Beziehungsweise wie geht das überhaupt »gut«? Welche Geduld müssen diese Menschen aufbringen, ihr schweres Schicksal tatsächlich in solcher Demut zu ertragen?

Südafrika ist nicht typisch Afrika. Zumindest in weiten Teilen nicht. Südafrika ist mancherorts sogar auf demselben Wohlstandsniveau wie die »Erste Welt«. Wie die USA, Europa, Japan, Australien, Neuseeland, Kanada, Singapur und so weiter. Gleichzeitig gibt es in Südafrika aber auch die »Dritte Welt«. Mit bitterster Armut, Hunger, Kriminalität und Perspektivlosigkeit. Eine Welt in einem Land eben – und das regelrecht Tür an Tür.

Doch auch wenn Afrika ein gefährlicher, weil gewalttätiger Kontinent ist, ist er eben auch ein wohltätiger. Die Menschen, die eigentlich nichts haben, teilen dieses Nichts, wo immer es geht. Sie leben in familiären und großfamiliären Strukturen, in Nachbarschaften, Clans und Gemeinschaften. Ja, wohl in Schicksalsgemeinschaften.

Und auch wenn Südafrika ein Land mit einer der höchsten Kriminalitätsraten der Welt ist, muss man sich doch wundern, warum nicht noch viel mehr passiert. Wie leicht wäre es doch für die Habenichtse, sich ganz einfach mal ein wenig mehr von dem zu nehmen, von dem andere Südafrikaner und auch Besucher ihres Landes so viel mehr haben? Wie einfach wäre es, auf diesem »highway to hell« einen Roadblock zu veranstalten? Eine Sperre vor der Weiterfahrt in dieses andere, touristisch traumhafte und alltäglich so geschäftige Kapstadt?

Modernes Wegelagertum und harte Kriminalität findet aber kurioserweise fast nie gegenüber den so Wohlhabenden statt. Wohl aber gegenüber den eher Nichtshabenden. Auch das ist die ambivalente Realität der alltäglichen Kriminalität, dass sich einige der Habenichtse ihren mickrigen Teil gerade von den anderen fast Mittellosen holen. Aber warum ist der Groll auf »die da oben« so gering? So relativ gering? Ob es der übergroße Respekt vor den Wohlhabenden ist; der die Nichtshabenden abhält? Ist auch das noch ein spätes Erbe der Apartheid? Ein Komplex? Zumindest aber ein psychologisches Muster?

Und wenn also stattdessen die Nichtshabenden die anderen Nichtshabenden überfallen und massakrieren, ist ihnen dann womöglich auch noch das Letzte, was man zu haben hofft, abhandengekommen? Die Würde?

In Südafrikas Verfassung steht das große Wort »dignity«, ja das humanistische Konzept der Würde ähnlich wie bei uns die »Menschenwürde« ganz weit vorne. Wie wäre es, wenn Würde auch im Alltag konsequent großgeschrieben würde?

Es bleibt jedenfalls ein Rätsel, warum nicht viel mehr an Aufruhr herrscht in Afrika und besonders in Südafrika? Im neuen Südafrika, das für so viele eben doch viel mehr das alte Südafrika geblieben ist. Denn sie sind doch die eigentlichen Verlierer der großen Revolution. Viel mehr als die Weißen.

Die Weißen haben zwar ihre Alleinherrschaft über das Land verloren, nicht aber ihr Land. Nicht ihren Wohlstand, nicht ihren Besitz, nicht ihren Einfluss. Politisch wird das neue Südafrika zwar vom mehrheitlich schwarzen ANC geleitet. Aber beherrscht? Jetzt einmal sozioökonomisch betrachtet?

Das ist zugegebenermaßen ein sperriger Begriff. Aber wie anders sollte man sich dieser »Black Box« nähern, die weiterhin so versperrt ist? Sozioökonomisch. Wer sperrt sie auf, die Türe zum Glück auch für all die Habenichtse? Der ANC jedenfalls nicht! Bislang jedenfalls nicht.

Wohlstand für alle? Eine Illusion von Gerechtigkeit

Was also ist aus dem Traum des neuen Südafrika geworden? Aus dem Land des Nelson Mandela, der hier und weltweit wie ein Heiliger verehrt wird? Was aus den Träumen derjenigen, die ihn gefeiert haben und bis heute verehren?

Warum ist Südafrika nicht ein größerer Sprung gelungen? Nicht ein Mehr an »Wohlstand für alle«? »A better life for all«, wie vom ANC in praktisch allen Wahlkämpfen plakatiert? Warum gibt es nicht zumindest ein Etwas-Mehr an Gerechtigkeit? Ein großes Wort, Gerechtigkeit. Erst recht in Afrika, wo es sie noch viel weniger gibt als in anderen Teilen der Welt.

Afrika ist der krasseste Kontinent überhaupt. Nirgendwo klaffen die Reichsten der Reichen und die Ärmsten der Armen so weit auseinander! Und Südafrika ist ein Brennglas für diese krassen Verhältnisse.

Oder doch nicht? Denn wenn man nach Gerechtigkeit fragt, muss man zu Recht auch fragen, wo es die größte Ungerechtigkeit gibt? Und die gibt es dann wohl doch eher nicht in Südafrika. Denn in anderen Teilen Afrikas sind die ganz Reichen dann doch wohl noch einmal unverschämt reicher, weil skrupelloser, und die ganz Armen dann doch wohl noch einmal ärmer, weil noch eklatant chancenloser.

Südafrika hat zumindest den Reichtum für alle in Reichweite. Oder zumindest ein Mindestmaß an Wohlstand in Sichtweite. Selbst die Habenichtse in den Townships haben immerhin die Chance, sich hier und da etwas zu verdienen. Etwa als Tagelöhner, die Farmer oder Baufirmen von der Straße aufgabeln. Oder gar als »Festangestellte« in der so nahen und doch so fernen Stadt. Einige von diesen Millionen von Habenichtsen haben immerhin ein bisschen mehr als das blanke Nichts, sie haben immerhin ein kleines Einkommen. Was dann geteilt auch ein Auskommen für die anderen Familien- und Clanmitglieder bedeuten kann. Denn geteilt wird viel in Afrika, selbst wenn es wenig zu verteilen gibt.

Viele Townshipbewohner trampen täglich in die Städte oder auch auf die Farmen. Etwa die grandiosen Weinfarmen im Umland von Kapstadt. Von Stellenbosch und Paarl bis nach Somerset West, wo der Wohlstand und die Qualität so groß sind wie in, sagen wir, Kalifornien. Dabei meint trampen nicht das europäische oder amerikanische Trampen. Daumen raus und los, das ist quasi unmöglich, weil potenziell lebensgefährlich. Für jeden, egal ob arm oder reich. Dafür ist die Alltagskriminalität einfach zu hoch in Südafrika. Und der Respekt vor dem Leben zu gering.

»Life is cheap«, sagt man nicht zu Unrecht. Und nirgendwo ist ein Leben so billig wie in Afrika. So wenig wert. Auch in Südafrika. Das gilt auch in anderem Sinne, wenn man von einem Dollar pro Tag leben muss. Umgerechnet natürlich, denn in Südafrika gibt es ja immer noch die Währung Rand.

Benannt wie der berühmte Kruger Rand, die weltweite Ikone des Goldes. Aber so viele Südafrikaner leben nicht mal am Rand des Goldes, trotz all der Gold-, Diamanten- und Platinminen. Ja nicht mal am Rand des Geldes, das ihnen zu einem würdigen Leben reichen könnte.

Wie schaffen sie es aber trotzdem? Sie fahren mit den Minibus-Taxis ganz früh morgens aus den Townships auf die Farmen und hinein in die Städte, arbeiten auf den Feldern oder als Putzfrauen, Gärtner, »Pool Doctor«, Handlanger, Küchenhilfen oder Müllsammler, und fahren abends wieder hinaus. Für ein paar Rand in der Hand. Für ein Leben von der Hand in den Mund. Am Rand des Traumes vom Wohlstand für alle. Der Illusion der Gerechtigkeit.

Strahlt weiterhin der Geist von Madiba?

Warum aber bleibt es doch so ruhig in Südafrika? Trotz immer mal wieder aufflammender Proteste und Streiks? Verglichen mit den möglichen, irgendwie ja auch gefühlt »gerechtfertigten« Horrorszenarien? Hier an diesem Highway, den so viele Menschen jeden Tag entlangfahren. Mal mit mehr, mal mit weniger Würde. Mit viel zu wenig Menschenwürde.

Wie gesagt: Die südafrikanische Verfassung postuliert ein Leben in Würde, in »dignity«. Und ist es vielleicht doch dieser letzte Rest an Würde, der noch da ist von Nelson Mandelas gelebtem Vorbild, aus dem Befreiungskampf?

Fakt ist, dass früher viel stärker gegen die Apartheid und ihre Ungerechtigkeiten gekämpft wurde als heute gegen die ebenso harten Realitäten des Post-Apartheid-Alltags. Aber warum eigentlich? Ist es nicht noch entwürdigender, ja irgendwie noch härter zu erleben, wie man von »Seinesgleichen« gedemütigt wird?

Denn bei allen Vorwürfen an die Weißen und ihren Reichtum, der jahrzehntelang auf dem Rücken der Schwarzen erarbeitet wurde und weiterhin wird: Wo kommt eigentlich der Reichtum der reichen Schwarzen her? Der Neu-Reichen? Die ihren Reichtum oftmals noch viel protziger zur Schau stellen als die längst etablierten Reichen?

Der neue schwarze Reichtum muss ebenso auf dem Rücken

der armen Schwarzen erarbeitet worden sein wie der Reichtum der Weißen! Denn bei aller Revolution und versuchter Transformation wird man kaum einen Weißen finden, der heute für einen Schwarzen buckelt.

Sicher, mittlerweile gibt es schwarze Geschäftsleute, die weiße Arbeiter anstellen. Das ist ganz normal geworden. Hier ist auch eine Art von gesellschaftlicher Transformation nach der politischen Transition sichtbar. Ob in Büros, Restaurants, Hotels, der Club- und Bar-Gastronomie, im Handwerk oder im Tourismus. Bei der Polizei, dem Grenzschutz, im Gesundheitssystem oder bei der Feuerwehr. Und ganz besonders ja im Staatswesen, in der Verwaltung. Weil heutzutage ja besonders die Chefs dort schwarz sind, wo sie eben parteipolitisch ausgesucht eingesetzt werden können. Vom Minister bis hinunter in die letzten Verwaltungsebenen. Erst recht dank der »affirmative action«, also der politisch bewusst gewählten Bevorzugung von Schwarzen.

Praktisch nie findet man aber Weiße, die die niedersten Tätigkeiten ausführen in dieser so diversifizierten Gesellschaft. Ganz unten sind bis auf ganz wenige Ausnahmen immer die ganz armen, oft natürlich auch weitgehend un- oder viel schlechter gebildeten Schwarzen. Ob ökonomisch oder vom Ansehen her. Die Menschenwürde steht jedenfalls mehr auf dem Papier der Verfassung als im Zentrum des Alltäglichen.

Wo also ist eigentlich Madiba Magic geblieben? Im Jetzt und Hier? Der einstige Wind of Change? Zerschellt wie die Brandung an den Klippen des Kaps der Guten Hoffnung? Oder verschlungen vom Big Business? Von den Haien, die also nicht nur im atemberaubenden Tierreich vor der Küste Kapstadts ihre Kreise ziehen, sondern eben auch an Land? Aufgesogen wie das Plankton, das die Wale in den großen Buchten vor Kapstadt im Frühjahr einsaugen wie die dunkle urbane Peripherie die Heere an billigen Arbeitskräften der leuchtenden Stadt?

Eine erste Antwort darauf nimmt Nelson Mandela nicht aus der Pflicht, wohl aber etwas in Schutz. Seine Zeit als Präsident war einfach zu kurz! Gerade einmal fünf Jahre. Bis 1999, danach ging er in Rente. Danach war er nur noch eine Art Alterspräsident.

Ein Amt, das es so in Südafrikas Verfassung zwar nicht gibt, im Falle Mandelas aber eben doch. Sein Wort hatte weiterhin Gewicht. Und manchmal muss man melancholisch sagen: Es hätte weiterhin noch mehr Gewicht gehabt. Wenn man es denn öfters hätte vernehmen können. Denn dieser Nelson Mandela, der sein Leben lang für die Freiheit gekämpft hatte, war am Ende seines Lebens einfach auch müde und zu oft im wörtlich zu nehmenden Ruhestand.

Nach seinem großen Triumph der friedlichen Revolution, der ausgehandelten Transition, die nur ihm gelingen konnte, war er wohl schlicht auch der falsche Mann für die Transformation, für die Mühen der Ebene. Nach den ganz großen Höhepunkten mit Friedensnobelpreis und erreichter Präsidentschaft.

Und bevor gleich erklärt werden wird, warum danach seine Nachfolger in fast 20 Jahren ANC-Herrschaft so wenig für das eigene Volk taten oder zumindest erreichten, ist ein Erbe Mandelas eben vielleicht doch auch die Geduld der Menschen. Die Demut. Denn diese beiden Tugenden hatte Madiba ja nun wirklich vorgelebt. Geduld und Demut!

27 Jahre im Gefängnis, übrigens mehrheitlich in Sichtweite von Kapstadt. Dort auf Robben Island, dieser Mini-Insel in der Tafelbucht, wo er 18 Jahre die heißen Sommer und kalten Winter zu spüren bekam. Wo der berühmteste Häftling der Welt jahrelang in kurzen Hosen und Shirts auf kaltem Boden schlafen musste, bevor man ihm und seinen Mithäftlingen dank ihrer Proteste endlich auch lange Kleidung für den Winter gab.

Selbst bei den Häftlingen gab es ja Apartheid: Schwarze in

Shorts, Weiße in besserer Kleidung. Das System ging bis in diese letzten Winkel. Und diesen letzten Winkel, diese kleine graue Zelle des Nelson Mandela sollte man besuchen, wenn man in Südafrika ist. Man sollte die schweren Eisentüren quietschen und die dicken Schlüssel im Schloss hören, wenn die Zellentüre abgesperrt wird. Man sollte einmal in dem Gefängnishof stehen, wo Mandela geheim an seinen Memoiren schrieb. Heutzutage bequem mit dem Schiff zu erreichen. Per Speedboat oder Segelyacht aus dem Kapstädter Hafen, vom Mandela Gateway aus.

Dieser Nelson Mandela hat also all die Qualen und Mühen der Ebene, ja die ganz tiefen Täler selbst durchschritten und durchlitten, bevor es auch für ihn letztlich doch noch bergauf ging. Erst über den Tafelberg, von Robben Island dort draußen im immer eisig kalten Atlantischen Ozean ins Pollsmoor Prison, wo zumindest schon mal ein angenehmerer Wind vom Indischen Ozean herüberblies.

Und dann 1988 weiter ins Victor Verster Prison, wo er dann zwar weiterhin inhaftiert, aber doch so viel besser untergebracht war. Wo er einen eigenen kleinen Bungalow als Zelle bekam. Mit weißem Wärter, Koch und Aufpasser als »Mädchen für alles«.

Wo er später gar Familienbesuch zum Geburtstag bekam. Dazu die Möglichkeit, bei ersten Ausfahrten in abgedunkelten Autos sein Südafrika erstmalig nach über zwei Jahrzehnten mit eigenen Augen zu sehen. Seinen Traum von der Freiheit im neuen Südafrika. Damals war er noch immer der Häftling und propagierte »Staatsfeind Nr. 1«, obwohl das Regime Ende der 1980er-Jahre mit ihm – streng geheim – zu verhandeln begonnen hatte.

All dies brauchte seine Zeit. Und das neue Südafrika brauchte seine Zeit. Und so wie Nelson Mandela damals brauchen die Menschen heute wohl auch noch viel Zeit. Geduld. Demut.

Hoffnungsvolle Orte und Momente

Aber es gibt ja Hoffnung. Und die stirbt bekanntlich zuletzt, auch in Südafrika. Und damit noch einmal zurück an den Ort von Nelson Mandelas letztem großen Auftritt. Johannesburg 2010. Vor dem WM-Finale zwischen Holland und Spanien. FIFA-Glanz im ganzen Land. Die ganze Welt zu Gast im Land des Nelson Mandela.

Er selbst schaute auf seiner letzten Runde in strahlende, stolze Gesichter. In freundlich applaudierende, voll besetzte Tribünen und ebenso voll besetzte Ehrenlogen, wo winkende Staatsgäste und Repräsentanten des ganz großen Fußballs und der Weltpolitik ihm huldigten. Und alle spürten, dass diese erste und bislang einzige Fußball-WM in Afrika, diese WM in Südafrika auch irgendwie ein bewusstes Danke der Weltgemeinschaft an diesen Nelson Mandela war. Eine Krönung für sein Lebenswerk. Fast wie ein zweiter Friedensnobelpreis!

Aber so grell wie das Flutlicht die Arena ausleuchtete, so sehr beleuchtete die Szenerie auch das »Wir« hier drinnen und das »Die« da draußen. Draußen vor den Stadien blieben die normalen Südafrikaner, die sich keine Eintrittskarten leisten konnten. Und mit ihnen ihre alltäglichen Realitäten.

Ein wenig wurde die Infrastruktur für 2010 verbessert, gerade aber die, die für den Fußball, den Tourismus und die Wohlhabenden relevant ist. Die großen Straßen und modernen Bahnlinien, die schönen Flughäfen, die vielen tollen Hotels und sonstigen Errungenschaften des Big Business und Tourismus auf Spitzenniveau.

Bis heute war die Fußball-WM ein letztes Highlight der südafrikanischen Gemeinschaft. Das letzte wirklich nationale Projekt, an dem Südafrika jahrelang mit vereinten Kräften gearbeitet hatte. Mit symbolträchtigem, über Monate quasi institutionalisiertem

»football friday«, als viele Menschen im Nationaltrikot der Bafana Bafana zur Arbeit gingen. Sogar in Ministerien. Und mit weltweiter Unterstützung dazu. Etwa seitens des DFB und der FIFA. Besonders in den Bereichen Organisations- und Ingenieurskunst. Das war echt Weltklasse, dieses Projekt »World Cup Twenty Ten«.

Und auch wenn in Südafrika die negativen Folgen nicht annähernd so heftig wurden wie etwa in Brasilien nach der WM 2014 oder Olympia in Rio 2016, wo es ja offenbar massenhaft Korruption, auch im ganz großen, politischen Stil gab, stellt sich die Frage: Was ist geblieben, außer den ebenso beeindruckenden wie teuren Stadien? Die alles in allem mit den Infrastrukturen Milliarden kosteten. Was blieb außer dem Prestige?

In Städten wie Johannesburg, Pretoria oder Bloemfontein werden die modernen Stadien weiterhin genutzt. Ob im Fußball oder besonders dem Rugby, also von Schwarzen und Weißen. Aber in Kapstadt? Wo immerhin die Landzunge von Green Point samt Stadion und Park aufpoliert wurde. Und tatsächlich ein paar Mal im Jahr bei einem städtischen Derby oder einem Länderspiel Zehntausende ins aber doch nur ganz selten wirklich volle Oval strömen. Erst recht, wenn die Kaizer Chiefs oder die Orlando Pirates vorbeischauen, also die Bayern Münchens und Borussia Dortmunds Südafrikas aus Soweto.

Aber was machen erst Städte wie Port Elizabeth oder Durban mit den »weißen Elefanten«, wie man die repräsentativen Prachtbauten nennt, die für die WM das Image Südafrikas aufpoliert, aber im Alltag wenig Bedeutung haben? Oder gar Provinzstädte wie Nelspruit, Rustenburg oder Polokwane, wo die Welt ein paar Tage vorbeischaute, nun aber die Folge- und Instandhaltungskosten die defizitären Haushalte drücken? Sie alle stehen wie gelandete Ufos herum. Besonders in der afrikanischen Steppe nahe der Grenze zu Mosambik und Simbabwe.

Das lebende Museum Südafrika

Das Finalstadion jedenfalls steht in oder ganz knapp neben Soweto. Ziemlich genau also dort, wo 1976 die Jugendlichen den Aufstand probten. Aus den Jugendlichen von damals sind heute staatstragende Politiker oder den Staat tragende Normalos geworden. Und südafrikanische Normalität ist das Bild, was sich dort heute zeigt, in diesem Soweto: Hunderttausende verharren immer noch in Armut. Mal in bitterer, mal in relativer.

Denn gerade Soweto relativiert so manches: Es ist weiterhin die berühmteste Township Südafrikas. Die mit der bedeutendsten Historie und somit auch Symbolkraft. Heute aber auch mit schwarzen Millionären und neuer Ober- und Mittelschicht. Wieder Tür an Tür mit dem Elend. Soweto ist eine eigene Stadt geworden. Ein eigener Mikrokosmos. Ein Mikrokosmos für das neue schwarze Südafrika, mit all den alten und neuen Disparitäten seit 1994.

Der Name Soweto steht für South Western Township. Diese südafrikanische Eigenheit der »Townships« lässt sich im internationalen Rahmen in etwa mit Getto oder Slum übersetzen. Und Gettos, ja ziemliche Slums waren all die Townships früher ja wirklich, die all den Städten der Weißen billige Arbeitskräfte zu Millionen zur Verfügung stellten. Fast wie im Ruhrpott und anderen Kohlegebieten Europas oder der USA, wo die billigen »working class heros«, die Bob Dylan und Bruce Springsteen besungen haben, im Dunstkreis der Fördertürme lebten. Im Falle Johannesburgs für den Bergbau in den Goldminen. Im Falle von Kimberly für die große Diamantenmine. Im Falle Rustenburgs fürs Platin. Und so weiter. Die Townships waren d a s Symbol für das alte Südafrika, so wie es unter der Apartheid zusätzlich das Spezifikum der »Homelands« gab, in denen die schwarze Landbevölkerung wie in Reservaten lebte.

Und Nelson Mandela hat all dies selbst erlebt: Erst das Leben auf dem Lande in seiner Heimatprovinz Transkei, dem Ostkap, wo er geboren wurde, als Viehhirte aufwuchs und heute auch beerdigt ist. Ein eher tristes, aber doch auch so spannendes Fleckchen Erde übrigens zwischen Mvezo und Qunu. Dort, in den immergrünen »rolling hills« steht seine Villa, in der er nach seiner Präsidentschaft seinen Ruhestand verbrachte, wenn er nicht in Johannesburg weilte. Und dort steht seit Neustem auch ein Mandela Center, das sich um Schule und Ausbildung der Menschen in dieser ländlichen Region kümmern soll.

Und dort steht, natürlich, heute auch ein Nelson Mandela Memorial, oben auf dem Hügel an der Landstraße. Mit wichtigen historischen Exponaten, die an den Wichtigsten aller Südafrikaner erinnern. Mit einem Foto Madibas und seiner berühmten Aussage: »It always seems impossible until it's done!« Ein potenzieller Touristenmagnet.

Aber auch einer mit weiterreichender Strahlkraft für das neue Südafrika? Eher nicht. Denn sein heutiger Nachfolger im Präsidentenamt, Jacob Zuma, ist Zulu. Kein Xhosa, wie Mandela. Und Zulus und Xhosas sind sich nicht ganz so grün, traditionell. Und weil der ANC zu Zeiten Mandelas doch eher Xhosa-dominiert war, wurde »natürlich« auch ein Xhosa zu seinem ersten Nachfolger, Thabo Mbeki.

Die Zulus hatten und haben mit der Inkatha Freedom Party (IFP) des Zulu-Chiefs Mangozuthu Buthelezi noch so etwas wie ihre eigene Partei. Ähnlich wie die einst konservative und strikt weiße NP, also die National Party. Die heute längst nicht mehr existiert, sondern im ANC aufgegangen ist. Die hatte ja von 1948 bis 1994 Südafrika alleine regiert und dominiert. Weil die Weißen auf Dauer aber ihr Glück nicht mehr in der NP sahen, wurde diese einst stolze Partei aufgelöst und in den ANC integriert. In die

»Non-Racial Umbrella Organisation« ANC, die ja immer schon allen Hautfarben offengestanden hatte.

Auch das Apartheid-Museum von Soweto steht natürlich allen offen. Touristen wie Südafrikanern. Von den Weißen, die es betreten, sind aber gefühlt 90 % Ausländer. Zumindest von denen, die freiwillig kommen. Lassen wir Schulklassen und Studenten einmal außen vor.

Denn außen vor bleiben irgendwie auch die Weißen. Also die südafrikanischen. Emotional. Denn das Apartheid-Museum von Soweto ist nun wirklich ein Ort, an dem man den Siegern und politisch Besiegten eindeutig auf die Spur kommen kann. Und sollte, wenn man jemals Südafrika besucht. Hier wird klar zwischen »Wir« und »Die«, zwischen »Uns« und »Denen« unterschieden.

Ja regelrecht unterteilt. Denn schon am Eingang muss man sich entscheiden, welchen man nimmt. »Nur für Weiße« oder »Für Nicht-Weiße« steht dort. Ganz in der Tradition des alten Südafrika. Nun gut, die Besucher werden nach wenigen Metern und ein, zwei Schlenkern im Museum wieder zusammengeführt, weil dieser Eingang eben nur eine Erinnerung an die böse Vergangenheit sein soll, aber ein mulmiges Gefühl bleibt trotzdem.

Ein Gefühl der Trennung. Der Separation. Wie früher, während der Apartheid. Hier wird nun, im neuen Südafrika-Museum also wieder klar zwischen einst Unterdrückten und den Unterdrückern unterschieden. Die Schuldfrage ist eindeutig geklärt in diesen Räumen der Erinnerung. In diesem wirklich sehenswerten Museum. Und wer die Schuld für die Vergangenheit trägt, ist ja auch unstrittig. Diese harten Wahrheiten müssen sich die Weißen schon gefallen lassen!

Harte Wahrheiten für Weiße

Ausnahmsweise gibt es also auch ein paar harte Wahrheiten für das weiße Südafrika. Früher allein herrschend, heute mit knapp 10 % ein immer kleiner werdender Teil der Bevölkerung. Die wächst und wächst. Aber sie wächst eben nur im schwarzen Segment. Denn viele Weiße, deren Geburtenraten wie in den anderen Teilen der westlichen Wohlstandswelt stagnieren, haben seit 1994 das Land sogar verlassen.

Nach Australien und Neuseeland vorzugsweise, zu Hunderttausenden. Weil sie sich in »ihrem« Südafrika einfach nicht mehr wohlfühlten. Nicht mehr heimisch. Dabei ist dieses Land doch – besonders auch laut neuer Verfassung – die Heimat aller Südafrikaner.

Heimat ist aber bekanntlich nicht nur ein Ort, sondern auch ein Gefühl. Und manchmal wird das Gefühl sogar noch bedeutender als der Ort! Bin ich hier, wo ich geboren wurde, noch willkommen? Meine Gruppe? Meine Familie? Haben meine Kinder eine faire Chance in diesem neuen Südafrika?

Nun ist es eigentlich nicht die gerechtfertigte Sache der Weißen, nach den fairen Chancen zu fragen. Nach dieser 350-jährigen Geschichte der Unterdrückung gegenüber den Schwarzen. Aber irgendwie doch heute wohl auch. Denn eines ist klar: Ohne die gut ausgebildeten Weißen verliert Südafrika einen wichtigen Teil der Bevölkerung, der den Wohlstand zumindest weiterhin mit schafft und erwirtschaftet. Ein »Brain-Drain«, also ein Verlust an gut ausgebildeter Substanz, den sich Südafrika ebenso wenig leisten kann wie Afrika insgesamt!

Auch das ist eine harte Wahrheit im neuen Südafrika, wo eben wieder einmal eines der Wassergläser halb voll oder halb leer ist. Je nach Perspektive. Berechtigterweise wird man sagen können und müssen: Nun stellt euch mal nicht so an! Ihr hattet großes

Glück, dass es keine Rache an euch Weißen für die Vergangenheit gab!

Selbstverständlich hätten nämlich die Schwarzen nach 1994 mit den Weißen ganz anders umgehen können, als sie es dann taten. Viel härter. Grausamer. Rachsüchtiger. Aber dem aufkommenden Volkszorn stellte sich halt dieser Nelson Mandela entgegen! Mit seinem gelebten Vorbild und seiner Madiba Magic. Nur er konnte die Gemüter beruhigen, als besonders in den Jahren der Transition, also von 1990 bis 1994, ein Bürgerkrieg immer noch greifbar war. Zu frisch waren die Wunden der Schwarzen, zu groß die Uneinsichtigkeit vieler konservativer Weißer.

Erst recht, als dann auch noch die Wahrheits- und Versöhnungskommission die dreckige Vergangenheit neu aufriss. Mit persönlichen Wunden und gesamtgesellschaftlichen Gräben. Und diese dann natürlich aber auch zu heilen versuchte, was ja der eigentliche Sinn der medial über die zweite Hälfte der 90er-Jahre viel beachteten Veranstaltung unter der Leitung Desmond Tutus war. Heilung! Heilung als Katharsis. Heilung als schmerzhafter Prozess. Und als Geburtshelfer der neuen »Rainbow Nation«.

Während Nelson Mandela also immerhin bis 1999 im Amt blieb, blieb auch immer dieser Druck im Kessel. Es kam aber nicht zur Explosion. Die vorgelebte Bereitschaft zur Versöhnung konnte als Vorbild schlicht nicht angezweifelt werden, wenn sie von Nelson Mandela kam. Schließlich hatte er 27 Jahre im Knast verbracht. Ein Muster an Durchhaltevermögen. Erniedrigt. Seiner Freiheit und Würde beraubt.

Oder doch nicht? Denn dieser Nelson Mandela hatte sich seiner Würde eben nicht berauben lassen! Er wich nie zurück, gleichzeitig aber doch allen ethnischen, rassistischen und politischen Provokationen aus. Extrem geschickt. Und das mit einer »sanften Dominanz«, wie es mir so recht erst nach dem Tode Madibas bewusst wurde.

Diese »sanfte Dominanz« war vielleicht Nelson Mandelas größte Stärke. Sein Markenzeichen. Neben seinem breiten Lachen. Und seinem beschwingten Tanzen. Dem »Madiba-Shuffle«. Ein tanzender und lächelnder Präsident! Auch bei hochoffiziellen Anlässen. Und als solchen behalten ihn die Südafrikaner auch auf ewig im Gedächtnis. Selbst die Weißen. Ein Typ, wie er nur vom schwarzen Kontinent stammen konnte. Ein Typ, wie ihn nur ein Schwarzer leben und verkörpern konnte. Viel weicher, geschmeidiger und runder als ein Weißer. Und das ist kein Rassismus!

Traumergebnis der Wahlen von 1994

Während Mandela gerade dank seiner guten schulischen Ausbildung auch immer wieder den harten Verhandler geben konnte, dank seiner Fähigkeiten als Jurist zumal, so konnte er eben auch ganz weich sein. Mit seiner sanften Dominanz.

Dieser Bereitschaft, immer auch dem Gegner zuzuhören und dann erst Entscheidungen zu verkünden, konnte sich auf Dauer niemand entziehen. Was Mandela erreichen wollte, das bekam er auch! Und was seine Partner sich wünschten, das bekamen mehrheitlich eben auch sie. Meistens. Wenn sie sich als echte Partner würdig erwiesen. Wie etwa die National Party von F.W. de Klerk, die 1994 ja gerade eben so das gewünschte, mittlerweile realistische Idealergebnis erreichen konnte. Nämlich 20% der Stimmen. Diese reichten genau aus, um laut Übergangsverfassung von 1993 den einen von zwei Vize-Präsidenten stellen zu können.

Wenn auch dem neuen, unangefochtenen Chef Nelson Mandela unterstellt, aber immerhin. Und nicht wenige Schelme dachten sich ihren Teil, wenn sie fragten, wie denn eine weiße Partei wie die NP an so viele Stimmen kommen konnte? Zum Ende der

Apartheid. Nach der blanken Unterdrückung der übergroßen Mehrheit. Bei damals nur rund 12 % weißem Bevölkerungsanteil?

Unter anderem dazu hatte ich den damaligen Wahlleiter und späteren Mandela-Vertrauten Judge Johann Kriegler am südafrikanischen Verfassungsgericht in Braamfontein interviewt. Eine potenzielle Wahlfälschung ist jedoch nie bewiesen und im Endeffekt auch gar nicht groß thematisiert worden. Denn schließlich hatten ja alle Parteien ihr Traumergebnis erreicht. Der ANC die große Mehrheit, und damit neben der Präsidentschaft Mandelas auch den zweiten Vize-Präsidentenposten. Die NP ihre bitter nötigen 20 %, die wohl auch dank der Unterstützung der Farbigen zustande kamen. Diese »Mischlinge« waren früher nicht weiß genug, um von den Weißen auf gleicher Augenhöhe anerkannt zu werden, obwohl es ihnen in der Apartheid doch deutlich besser ging als den Schwarzen. Und ab 1994 waren sie eben dann nicht schwarz genug, um in die Mehrheit vollends integriert zu werden. Viele Farbige haben damals wohl nach dem alten Motto »chose the devil you know« gewählt. Also besser den Teufel von gestern, der es einem zwar auch nie leicht gemacht hatte, wohl aber berechenbarer schien, als der potenzielle, noch unbekannte Teufel von morgen.

Dass der potenzielle »Teufel« von morgen nie seine hässliche Fratze zeigte, lag eben vor allem an Nelson Mandela. Und auch an einem anderen Aspekt des Traumergebnisses von 1994: So wie die NP die nötigen 20 % für die Vize-Präsidentschaft de Klerks erhielt, bekam die Zulu-Partei IFP die 10 %, die sie brauchte, um Chief Buthelezi zum Innenminister und seine IFP ebenfalls sicher zu einem Teil der Koalition zu machen. Der dann ja auch entstandenen Regierung der Nationalen Einheit.

Wird nun das Wort von der »Verhandelten Revolution« vielleicht noch klarer als bisher? Das, was Wissenschaftler von Kapstadt bis Johannesburg dann auch eine »Negotiated Revolution« nennen sollten, war wirklich ein traumhafter Kompromiss. Ein Weg, den alle irgendwie mitbeschreiten konnten. Ein Weg, der bei leichten Abweichungen auch ins absolute Chaos, in den offenen Bürgerkrieg hätte führen können. Nämlich bei, sagen wir, auch nur 19 % für die NP oder einem Wahldesaster für die IFP. Weder de Klerk noch Buthelezi hätten dann wohl sich selbst, dazu die Weißen oder die eigensinnigen, in den späten 80ern und frühen 90ern extrem aufgeheizten Zulu insgesamt besänftigen und friedlich in die neue Ordnung integrieren können.

Versöhnung statt Rache

Und so waren alle, wirklich alle Südafrikaner gespannt, was Nelson Mandela am Tage seiner Entlassung auf dem Balkon des Rathauses von Kapstadt sagen würde. Also noch bevor er in Soweto, seinem eigentlichen Zuhause, vor den Massen sprechen würde. An diesem 11. Februar im Jahre 1990 fällte nur er die Entscheidung über Krieg oder Frieden. Rache oder Versöhnung.

Die Menschen auf der Grand Parade von Cape Town, diesem großen Platz vor dem Rathaus, wo 2010 ein buntes Public Viewing zur WM stattfand, hingen an seinen Lippen. Ja sie hingen regelrecht auch an dem Balkon, auf dem der Stunden zuvor entlassene Ex-Häftling nun sprach. Fotos von diesem Moment sind bis heute ergreifend. Schwarz und Weiß gefesselt vor Anspannung und Erwartung. Würde er die Lunte am Pulverfass zum Glimmen bringen? Oder würde er die Buschbrände, die die Kaphalbinsel seit Menschengedenken prägen, austreten?

Heute wissen wir, dass er die Worte der Versöhnung wählte. Nicht der Rache. Dass er die Freiheit in Frieden wählte, nicht den Bürgerkrieg. Dass er den Kompromiss anbot, nicht das Duell. Und auch wenn der potenziell zu duellierende F.W. de Klerk als noch amtierender Präsident nicht zugegen war, so war doch ganz Südafrika an diesem 11. Februar ein erstes Mal so richtig klar, wer das neue Schwergewicht im Ring besaß. Daumen rauf oder Daumen runter? Ganz Südafrika atmete erleichtert auf. Schwarz, besonders aber Weiß.

Nelson Mandela hatte davon gesprochen, ein Südafrika für alle Menschen aufzubauen, die dort lebten, gleich welcher Hautfarbe und Herkunft. Nelson Mandela hatte dazu aufgefordert, die Waffen in den Ozean zu schmeißen. Auf allen Seiten. Nelson Mandela hatte für die Rainbow Nation seines kommenden Freundes Desmond Tutu optiert, der ja im heißen Herbst der Apartheid in den 80er-Jahren ein Anführer mit großem Format geworden war und schon vor ihm den Friedensnobelpreis bekommen hatte.

Und auch F.W. de Klerk bekam diesen wichtigsten aller weltweiten Preise ja 1993. Gemeinsam mit Nelson Mandela. Warum? Ohne die Bereitschaft de Klerks zur Öffnung keine Freiheit Mandelas! Und ohne die Freiheit Mandelas kein friedliches Südafrika! Und auch wenn F.W. de Klerk schon 1996/7 die Regierung der Nationalen Einheit mitsamt seiner Partei verlassen sollte, als es dann um die Aushandlung der endgültigen Verfassung ging, ohne ihn hätte das GNU nie laufen gelernt. Oder sagen wir besser doch langsam und vorsichtig zu gehen gelernt.

Mandela und seine Wegbegleiter

Und damit zu Nelson Mandelas entscheidenden Wegbegleitern. Und Wegbegleiterinnen. Und zu seinen Vorgängern und Nachfolgern. Wie gesagt, das Zuhause des Nelson Mandela war ursprünglich die tiefe Provinz Transkei gewesen. Danach Johannesburg, genauer gesagt zuerst die Township Alexandra und dann Soweto. Und heute noch kann man sein Haus dort besichtigen. Ebenfalls ein touristisches Muss!

Dort hatte er eine Familie gegründet, gemeinsam mit Winnie Mandela. Der Frau, die ihn am 11. Februar 1990 aus dem Gefängnis abgeholt hatte. Die jahrelang auf ihren Gatten gewartet, sich offenbar aber auch von ihm entfremdet hatte. Ein schwerer Weg für beide.

Die Entfremdung wurde aber umso intensiver, je näher man sich wieder kam. Und vor allem, je mehr von Winnies Vergangenheit ans Licht kam, persönlich wie politisch. Kurzum: Nelson Mandela trennte sich von der Frau, die er so viele Jahre so sehr vermisst hatte. Das geht aus seiner brillanten Autobiografie *Long Walk to Freedom,* in deutscher Übersetzung *Der lange Weg zur Freiheit,* eindrucksvoll hervor, die er zum großen Teil noch im Gefängnis schrieb. Die Wege trennten sich, auch weil Winnie Mandela einen radikaleren Kurs befürwortete als Madiba, der Friedensengel.

Nun war Nelson Mandela auch nicht immer ein Engel und sicher auch kein Kind von Traurigkeit gewesen. Früher ja sowieso nicht, schließlich war er ja auch einmal Terrorist! Zumindest nach Lesart der Regierung. Objektiv betrachtet zumindest an Sabotageakten und womöglich dem einen oder anderen Todesfall als Kollateralschaden des Anti-Apartheid-Kampfes beteiligt. Nicht direkt, so darf man annehmen, als Kommandochef von Umkontho we Sizwe aber eben doch. Sogar federführend.

Aus dem Radikalinski der frühen 1960er-Jahre war im Gefängnis im Grundsatz aber eben doch eher ein Mahatma Gandhi geworden. Und auch was das Private anging, so wurde aus dem Freiheitskämpfer ein seriöser Gatte und Rentner. Dessen Lebensabend dann später von Graca Machel begleitet wurde, der Witwe des mosambikanischen Staatschefs Samora Machel, die

Mandela 1998 heiratete und die bis zu seinem Tod im Dezember 2013 an seiner Seite blieb.

Übrigens hatte auch F.W. de Klerk eine private Krise durchlebt und recht bald neu geheiratet. Und wer dessen Autobiografie *The last Treck* gelesen und ihn einmal persönlich kennengelernt oder auch nur erlebt hat, der wird gespürt haben, dass das Private auch in seinem Fall gegenüber dem Politischen wohl schlicht die Überhand gewonnen hatte.

Kann man es ihnen verdenken? Zwei Staatsmännern, die alles erreicht hatten? Zwei Feinde, die zu Partnern wurden? Nicht zu Freunden, wohlgemerkt. Dafür waren die Animositäten und die unterschiedliche Herkunft dann doch zu groß!

Jedenfalls gingen also die Helden der verhandelten Revolution schon bald in Rente. F.W. de Klerk sprengte die Regierung der Nationalen Einheit, die ab den Wahlen von 1999 als Übergangsinstrument abgeschafft werden sollte. Und ging mit der Neuen Nationalen Partei (NNP) in die Opposition. Was für ein historischer Fehler, mag man rückblickend urteilen! Und was unter dem Strich gleichbedeutend mit der kommenden Bedeutungslosigkeit der NP sein würde.

Denn so wie Nelson Mandela d i e Lichtgestalt des ANC war, so ahnte man bei der NP zaghaft, dass es ebenfalls sehr schwer werden würde, adäquaten Ersatz für diesen Mann zu finden, der ebenso wie Mandela von Beruf – und wohl auch symbolisch – Anwalt war. Anwalt einer guten Sache. Der noch dazu ebenso mutig wie Mandela gewesen und deshalb die Hardliner in seinen eigenen Reihen zu kontrollieren in der Lage war.

Im Falle der NP das Lager der »Verkrampten«, neben dem der »Verligten«, in das de Klerk je länger desto mehr übergelaufen war. Die »Verkrampften« und »Erleuchteten«, die Betonköpfe und Reformer, stritten intern bis zuletzt über den einzuschlagenden Weg. Dass der Stern der NP, der ähnlich wie der Sowjetstern über

Jahrzehnte des »kurzen Jahrhunderts« bis in die frühen 1990er-Jahre so grässlich geleuchtet hatte, nun ebenso sinken würde, erscheint in der Rückschau nur konsequent.

Die große Verschwendung Mandelas und de Klerks

In der Nachschau muss man das frühe Abtreten Nelson Mandelas und F.W. de Klerks zutiefst bedauern. Die beiden einzigen Staatsmänner von Format, die Südafrika damals und eigentlich ja bis heute hatte, sind viel zu früh ausgeschieden. Wieso hatten sie so früh hingeworfen? Neben den bereits angedeuteten Erklärungen wohl auch aus folgenden Gründen: F.W. de Klerk konnte sich mit der Rolle des Juniorpartners auf Dauer dann wohl doch nicht arrangieren. Erst recht, wenn dann 1999 auch noch die quasi-garantierte Vize-Präsidenten-Klausel fallen sollte. Schließlich war er selbst einmal der starke Präsident eines besonders stolzen, eigenwilligen Regimes gewesen. Könnte man sich andere Alphatiere der Politik, selbst nur etwa die Kanzler Gerhard Schröder oder Angela Merkel als Juniorpartner einer Koalition dauerhaft vorstellen, nachdem sie zuvor so dominant Chef gewesen waren? Na ja.

Und hatte de Klerk zu Beginn der Transition noch gehofft, ja aufgrund des Überlegenheitsgefühls der Weißen sicher sogar erwartet, im »driver seat« der Entwicklungen, also am Steuer des neuen Kurses zu bleiben, so wurde sehr bald deutlich, dass er dem brillanten Rhetoriker und Volkstribun Nelson Mandela nicht das Wasser reichen konnte. Erst recht aufgrund der faktischen Kräfteverhältnisse nicht, die aufgrund der Anteile der jeweiligen Bevölkerungsgruppen im multi-ethnischen Südafrika auch dauerhaft zementiert schienen.

Was sich bis heute ja leider auch bewahrheitet hat. Denn

Schwarz wählt bis heute Schwarz, und Weiß wählt bis heute Weiß. Das ist ein ganz grober, ernüchternder, aber zu verallgemeinernder Fakt des neuen Südafrika. Dieser so gesehen ja auch deshalb verhinderten Rainbow Nation. Auch wenn sich, das muss man positiv attestieren, die nun schon seit einigen Jahren neue starke Opposition gegen den ANC, die Democratic Alliance (DA), heute wesentlich offener gegenüber Schwarzen und Farbigen gibt als die damalige NP.

F.W. de Klerk zog jedenfalls ähnlich wie Michael Gorbatschow von dannen. Als Spiritus Rector der Wende zwar, gleichzeitig aber auch als sein prominentestes Opfer. Und während Gorbatschow im Zuge der Implosion der Sowjet-Ära sogar weggeputscht wurde, konnte de Klerk wenigstens noch aus freien Stücken und aufrecht gehen. Natürlich war auch er zeitlebens vor allem Profiteur und sogar Mitgestalter der Apartheid gewesen, an deren Ende aber wenigstens doch auch noch ihr Totengräber.

Mandelas Nachfolge

Afrika ist dominiert von einer Politik, die sich am Stammesdenken, also an Clanstrukturen und althergebrachten Kulturen orientiert. Nicht so sehr am Allgemeinwohl einer Gesamtgesellschaft. Letzteres versucht die Democratic Alliance mit über 20 % Stimmenanteil heute. Nach den ersten weißen Vorsitzenden Tony Leon und Helen Zille seit 2015 angeführt von Mmusi Maimane, einem mit einer Weißen verheirateten studierten Psychologen, Theologen und Verwaltungsfachmann. Dessen Mutter Xhosa und Vater Tswana sind. Und immerhin regiert die DA unter Ministerpräsidentin Helen Zille mit dem Westkap die einzige von neun Provinzen, die nicht ANC-dominiert ist.

Und mit Blick auf ein ähnlich großes Land wie Kenia, wo immer wieder offene Gewalt ausbricht, wenn gewählt und eine neue Regierung ernannt wird, kann man Südafrika geradezu gratulieren, diesen so afrikanischen Weg der Stammespolitik nie wirklich gegangen zu sein! Wieder ein mehr als halb volles Glas also!

Wieso aber endete auch die Ära des Nelson Mandela, also die realpolitische schon so bald? 1999 standen wie gesagt turnusmäßig Neuwahlen an. Und dass der ANC wieder klar gewinnen würde, war eh absehbar. Was aber würde Mandela machen? Weitermachen, wie ganz viele im In- und Ausland hofften? Nein. Er machte kurzerhand seinen Vize Thabo Mbeki zum Chef und ging nach Hause.

Wie gesagt war Nelson Mandela mit seinen immerhin 80 Jahren ein bisschen müde geworden. Und Mandela wollte, ganz Vorzeigedemokrat, nun auch in diesem Punkt vorbildlich sein. Denn was gehört zu einer gesunden Demokratie dazu? Der Wechsel. Der friedliche, ordnungsgemäße Wechsel!

Wie er in Afrika bis heute aber fast nirgendwo gelingt. Warum? Weil eigentlich keiner freiwillig von der Macht lassen will. Überall gibt es die für Afrika typischen »big men«, wie man sie dort nennt, die den Staat als ihr Eigentum betrachten. Zumindest aber die einmal errungene Präsidentschaft. Siehe Robert Mugabe, der im Nachbarland Simbabwe seit dessen Unabhängigkeit im Jahre 1980 zuerst als Ministerpräsident, seit 1987 ununterbrochen als Präsident und gegen alle Widerstände sowie eigene fatale Altersschwäche bis Ende 2017 durchregierte. Ein afrikanischer Wahnsinn!

In diesem Falle gelang der friedliche Wechsel als Charakteristikum einer reifen Demokratie also, auch wenn man es wirklich bedauern muss. Worin wieder eine der vielen Ambivalenzen Südafrikas besteht. Nelson Mandela machte also seinen Assistenten zum Chef, wenn man das einmal flapsig sagen will. Denn Thabo

Mbeki war in den fünf Jahren zuvor ja quasi schon Premierminister gewesen, auch wenn es diesen Posten in der Verfassung ebenso wenig gibt wie den des Alterspräsidenten. Das südafrikanische System ist im Prinzip eher amerikanisch und ganz anders als das deutsche mit politisch aktivem Kanzler und nur repräsentierendem Präsidenten.

In Südafrika ist der Präsident alles in einem. Was man als größtes Defizit der Verfassung beklagen muss! Denn während Mandela noch vorsichtig mit dieser Machtfülle umging, ja sogar vieles bewusst delegierte, verleitete sie seine Nachfolger zu einem egozentrischen Handeln, das die neue Ordnung gehörig aus der Bahn wirft. Je länger, desto mehr.

Mandela selbst war eher der Philosophentyp. Der übergeordnete Brückenbauer in einer Gesellschaft. Fast wie der deutsche Bundespräsident im Idealfall. Und Mandela war schlicht und ergreifend eben kein Managertyp. Kein Manager für das Alltägliche jedenfalls.

Das aber war Thabo Mbeki. Zumindest bis 1999, im Windschatten Madibas, gegen den sich niemals jemand im ANC erhoben hätte. Doch danach erlebte Südafrika plötzlich einen neuen Thabo Mbeki. Einen Pseudo-Intellektuellen als Präsidenten. Einen, der vergaß, wo er hergekommen war, und fortan höher fliegen wollte, als er konnte. Thabo, Sohn des dekorierten Freiheitskämpfers Govan Mbeki, regierte nun mit beinahe maximaler Distanz zum eigenen Volk. Und war somit kein würdiger Nachfolger für Nelson Mandela. International zwar anerkannt und respektiert, nie aber ein echter Leadertyp zum Wohle der eigenen Gesamtgesellschaft.

Aber im Vergleich zu seinem dann indirekten Nachfolger und noch amtierenden Staatschef Jacob Zuma doch immerhin noch ein seriöser Präsident! Zwischen den beiden gab es 2008/9 das kurze Intermezzo des eher unscheinbaren Parteisoldaten Kgalema Motlanthe, 1997 bis 2007 ANC-Generalsekretär, unter Thabo Mbeki also.

Und hier fingen die typisch afrikanischen Ränkespiele an: Ende September 2008 wurde Thabo Mbeki samt Teilen seiner Regierung innerparteilich weggeputscht, um es verkürzend darzustellen. Von Jacob Zuma und Co. Weil Zuma selbst aber über kein Parlamentsmandat verfügte, und der Präsident laut Verfassung ähnlich dem deutschen Kanzler aus der Mitte des Parlamentes kommen muss, kam Motlanthe als Mann des Übergangs und Ausgleichs bis Mai 2009 auf den Posten, spielte aber keine wichtige Rolle.

Jacob Zuma spielte ab dann die Hauptrolle. Bis heute. Und zwar wiederum je länger, desto mehr eine höchst unrühmliche, wie sie so typisch ist für Afrika. Aber nicht nur für Afrika, darf man wohl sagen. Denn man könnte ihn auch seit Jahren als den »Berlusconi Südafrikas« bezeichnen. Oder neuerdings vergleichen mit einem Typen wie Donald Trump. Ein Populist, Hallodri, Aufschneider und Lebemann. Immer nach dem Motto: Hoppla, jetzt komm ich! Damit wurde er nie auch nur annähernd der Stilistik der »sanften Dominanz« des Brückenbauers Nelson Mandela und selbst dem staatsmännisch Korrekten eines Thabo Mbeki gerecht! Und somit schlicht kein würdiger erster Mann im Staate.

Südafrikas Rolle in Afrika

Nun ist Südafrika aber nicht irgendein Staat in Afrika. Nicht einer unter 54, sondern einer der wichtigsten, wenn nicht gar der wichtigste auf dem Kontinent. Ökonomisch betrachtet wohl auf jeden Fall, wenn es auch andere Schwergewichte wie Nigeria gibt, das sich trotz seines Ölreichtums aber permanent selber ruiniert.

Südafrika ist ein echtes Schwergewicht. Erst recht politisch. Und symbolisch. Denn wenn es Südafrika nicht schafft, eine afrikanische Erfolgsgeschichte zu schreiben, wer dann? Nun gut, es gibt Ghana mit seiner stabilen Demokratie und es gibt kleinere Länder wie Botswana, die nun schon länger mit innerem Frieden und Stabilität beeindrucken.

Der Normalfall auf diesem wohl schwierigsten aller Kontinente sieht aber eher so aus, wie in der anderen »Supermacht« Nigeria: Kulturelle, religiöse und ethnische Konflikte destabilisieren permanent. Ein möglicher Aufstieg zu Wohlstand und Demokratie wird immer wieder selbstverschuldet torpediert. Und während viele Flächenstaaten wie Mali, Niger, Tschad und Sudan vor dem Untergang stehen, wächst selbst in ehemals hoffnungsvolleren Fällen wie Kenia das Chaos, statt der Hoffnung.

Und exemplarisch für den größten »Sündenfall« Afrikas steht wohl die »Demokratische Republik« Kongo (DRC), an der nichts demokratisch und erst recht nichts republikanisch ist. Dafür bräuchte es erstens freie, faire, und nicht von Einschüchterung geprägte Wahlen. Zweitens Republikaner im Sinne von Staatsbürgern, die in etwa eine Vorstellung davon haben, wie geordnete Politik aussehen könnte und sollte. Und erst recht natürlich Staatschefs, die davon etwas verstehen.

Das Gegenteil ist aber der Normalfall, auch mehrheitlich auf diesem Kontinent. Bleiben wir kurz und prägnant bei diesem Beispiel, der DRC: Das riesige »Herz der Finsternis« – und diese Bezeichnung stammt nicht von mir, sondern ist der Titel des legendären Romans von Joseph Conrad – verfügt über immense Rohstoffreserven und damit Potenziale. Aber nicht über eine stabile Regierung. Stattdessen über konkurrierende Warlords und immer neue Präsidentschaftskandidaten, die sich aber eher um ihre eigenen Reichtümer und Animositäten kümmern als um das Wohlergehen ihrer Staatsbürger.

Nichts liegt der Idee einer »Demokratischen Republik« ferner als dieser Kongo. Und egal, ob der Präsident nun Kabila senior, Kabila junior oder sonst wie heißt, es endet doch immer gleich: in Chaos, Bürgerkrieg und Ausbeutung der Massen. Die müssen die Rohstoffe unter erbärmlichsten Arbeitsbedingungen mit ihrer Hände Arbeit heben, nur damit andere sich die Taschen füllen und damit die nächsten Kriege vom Zaun brechen. Oder aber mit dermaßen eiserner Hand regieren wie der »legendäre« Mobutu, der sich selbst per Gewalt- und Pomp-Präsidentschaft im Vorgängerstaat Zaire zum Milliardär gaunerte.

Natürlich auch mit Unterstützung der »Weltgemeinschaft«, die diesen Namen in diesen Zusammenhängen ebenso wenig verdient. Denn verdienen wollen ja auch die großen multinationalen Konzerne, die die abgebauten Rohstoffe wie Gold, Kobalt, Koltan, Kupfer, Zink oder die berühmten »Blutdiamanten« des Kontinents für ihre Gewinnmaximierung brauchen.

Von Moral oder Mitleid mit Afrika und dieser gut einer Milliarde Menschen ist in der Welt nichts zu spüren. O.k., vielleicht irgendwann einmal doch. Dann nämlich, wenn es darum geht, der Frage nachzugehen, wo all die Flüchtlinge herkommen? Also nicht die aus dem Nahen Osten.

Apropos: In diesem schnellen Ritt über den Kontinent fehlt natürlich noch der Maghreb, also der Teil Afrikas nördlich der Sahara. Von Mauretanien und Marokko über Algerien und Tunesien bis Libyen und Ägypten. Und während man Europas Nachbarstaaten von der anderen Seite des Mittelmeers auch nicht annähernd gleichsetzen darf, so kann man doch zu einem Zwischenergebnis kommen, das für dieses Buch hier relevant ist: Im Vergleich zu diesen Staaten steht Südafrika sehr gut da!

Es gibt beispielsweise keinerlei Terrorismus oder auch nur im Ansatz muslimischen Extremismus, der bislang eine größere Rolle gespielt hätte. Dazu gibt es »Recht und Ordnung«, ja so etwas wie einen stabilen Rechtsstaat, absolute Meinungsfreiheit und ein zurückhaltendes Militär. Was Südafrika dann auch etwa von allen nahöstlichen Staaten wie selbst die Türkei unterscheidet. Oder auch von Russland und der Ukraine, also ähnlich jungen, klassischen »Transformationsstaaten« wie Südafrika selbst.

Der ANC nach Mandela

Südafrika könnte aber wohl noch um einiges besser dastehen. Sozioökonomisch. Gesellschaftlich. Perspektivisch. Denn was den ANC als Regierungspartei angeht, fällt die Bilanz sehr gemischt aus. Nicht so sehr gemessen an Afrika, wohl aber gemessen an den eigenen Chancen.

An den Chancen, die sich 1999 objektiv betrachtet eröffneten. Das Land selbst wurde zum weltweiten Vorbild, so wie es bis dato ja Nelson Mandela gewesen war: das Feld bereitet, ein Laborversuch der Gesellschaftspolitik.

Ein Prozess mit offenem Ausgang zwar, aber auch mit sehr guten Chancen: Einem hervorragenden internationalen Renomee – und damit einer höchst kooperationsbereiten Weltgemeinschaft. Einer starken, für afrikanische Verhältnisse extrem diversifizierten Wirtschaft. Nicht nur mit Rohstoffen, sondern einer teilweise hochmodernen Landwirtschaft und Industrie, wie es sie auf diesem Kontinent bis heute sonst nirgendwo gibt.

Und mit einer Bevölkerung, die zwar mehrheitlich noch einen großen Bildungs- und Wohlstandsnachholbedarf hatte, aber eben auch enorme Potenziale. Welche? Eine sehr gute Infrastruktur. Eine sehr gute Basis für eine nun ausgreifende, auszudehnende Bildungsstruktur. Mit großen und etablierten Universitäten. Mit einem qualitativ hochstehenden Schulsystem, das bis 1994 zwar mehrheitlich nur den Weißen offengestanden hatte, aber eben doch schon vorhanden und vom Prinzip her verinnerlicht war. Und einer insgesamt positiv gestimmten, ja motivierten und optimistischen Gesellschaft mit einem gesunden Hunger nach Fortschritt.

Viel Luft nach oben gab es für die schwarzen Südafrikaner in praktisch allen Bereichen. Denn auch wenn der ANC immer auch für Weiße und Farbige in seinen Reihen offen gewesen war, so blieb die Basis, also die Kernklientel, doch das schwarze Südafrika.

Das spiegelte sich natürlich auch in der Besetzung von Ämtern und Posten. Von der höchsten Regierungsebene des Zentralstaates bis in die Länder, Regionen, Städte und Provinzen. Der ANC regierte nun über Jahre fast überall mit eigener Mehrheit. Zumeist sogar Zweidrittel-Mehrheit. Einzige dauerhafte Ausnahme war und blieb das Western Cape, also die Region um die Metropole Kapstadt.

Die wichtigste Metropole ist in Südafrika aber Johannesburg. In einem Großraum mit der Hauptstadt Pretoria gelegen, schlägt hier das ökonomische Herz des Landes. Kombiniert mit anderen Metropolregionen wie Durban oder Port Elizabeth am Indischen Ozean, verfügte der ANC also über ein enormes Potenzial an Verteilungsmasse.

Masse an relativem Wohlstand und ungeheuer vielen Posten, die man nun an seine Leute verteilte. An eine zum Teil zweifelhafte, neue Elite verteilte, um genauer, trennschärfer und kritischer zu formulieren. Und dabei tauchten erste, gravierende Defizite des neuen Südafrika auf: Die Ämter und Posten wurden also nicht mehr, wie sonst in einer offenen politischen Landschaft und freien Wirtschaft wünschenswert, nach Bildung, bester Eignung, ja schlicht Qualifikation verteilt, also wie man im Englischen sagt »on merit«, sondern nach dem Motto: Wer hat sich was aufgrund seiner Vergangenheit im Anti-Apartheid-Kampf verdient?

Oder noch zweifelhafter nach dem Motto »Vitamin B«. Während man den ersten Teil der hier anzuführenden Kritik noch mit »verdient ist verdient« erklären kann, nämlich den im Freiheitskampf erworbenen Verdiensten, fällt einem Teil zwei schon schwerer: Nur weil jemand einen anderen kennt, der auch den einen oder anderen Posten gut gebrauchen könnte, ist der- oder diejenige noch längst nicht qualifiziert, diesen auch auszufüllen.

So wurde aber verfahren. Und zwar flächendeckend. Worin eine gravierende Verschwendung von Potenzial bestand. Denn auch wenn es gute Gründe für die offizielle Politik der »affirmative action« und des »black economic empowerment« gab, also der strategischen Bevorzugung einst Benachteiligter, so ist diese Praxis im Ergebnis jedoch kontraproduktiv gewesen.

Denn wer käme, die besondere politische Ausgangslage einmal außen vor gelassen, auf die Idee, Ämter und Posten mit Leuten zu ersetzen, deren oftmals einzige Qualifikation darin bestand, der Verwandte oder Bekannte von jemandem zu sein? Ob innerhalb der Familien, der Clans, der ethnischen Großstrukturen oder anderer Verbindungen, es wurden immer mehr die Leute auf Posten gesetzt, die es sich ausschließlich in diesem Sinne »verdient« und weniger durch Qualifikation erarbeitet hatten.

Wie gesagt: Wer über Jahre und Jahrzehnte so gedarbt hat wie die Mehrheitsbevölkerung unter dem Apartheidregime, der mag so handeln. Instinktiv. Intuitiv. Nach dem Motto, dass man sich jetzt ja wohl nehmen dürfe, was einem so lange verwehrt worden war. Gefühlt, getan. Posten übernommen, neue besetzt. Und dann mal schauen, wie es so läuft ...

Aber: Jedem Leser wird klar sein, dass dies zwar zur Befriedigung von ersten emotionalen Bedürfnissen führt, nicht aber zu dauerhaftem Fortschritt. Ja nicht einmal zu dauerhafter Zufriedenheit bei denjenigen, die halt leider niemanden kannten, der vielleicht von einem freien oder neu zu besetzenden Posten wusste.

Was man landläufig auch Klüngel oder Vetternwirtschaft nennen kann, wurde nun aber in viel zu vielen etablierten oder erst noch neu aufzubauenden Strukturen praktiziert. Das Qualitätskriterium »on merit«, also im guten Sinne durch Leistung verdient, verlor im Vergleich zu ethnisch-familiärer Abstammung, politischer Herkunft und schlicht »connections«, an Gewicht.

Und damit verlor Südafrika sehr viel Zeit. Und Kompetenz. Kompetenz braucht aber nun mal Zeit. Nämlich die Zeit zum Aufbau von Kompetenz. Woher will man die aber nehmen, wenn gerade eine Revolution geschieht? Zumindest eine echte Transformation nach einer gelungenen Transition anzugehen ist?

Hier taten sich mindestens zwei Probleme auf: Erstens hatten ja über Jahrzehnte praktisch nur die weißen Südafrikaner Kompetenzen aufbauen können, da sie Politik und Wirtschaft des Landes dominiert hatten. Zweitens hatten nur ganz wenige schwarze Südafrikaner das Glück, so wie Nelson Mandela oder Thabo Mbeki über eine substanzielle oder gar formelle Bildung zu verfügen.

Im Falle Mandelas stammte diese ja aus der »Black Englishman«-Highschool und der anschließenden Juristerei. Und auch von Robben Island übrigens, wo sich die Gefangenen über die langen Jahre untereinander so intensiv unterrichteten, dass die kleine Insel, auf der eigentlich nichts außer dem Gefängnis stand, auch den ironischen Beinamen »University of Robben Island« erhielt. Unter den schwarzen Inhaftierten natürlich nur, die sich etwa beim Steineklopfen im inseleigenen Steinbruch oder bei Arbeiten in den Gefängnishöfen am jeweiligen Wissen des anderen zum Wohle der Gruppe gegenseitig bereicherten.

Viele, aber eben eher nur Hunderte als Tausende schlaue Köpfe kamen also paradoxerweise von der Insel, die die Apartheid-Strategen zum lebenslangen Friedhof von schwarzem Potenzial auserkoren hatten. »Lebenslang« war ja in vielen Fällen der Richterspruch gewesen. Somit kehrte sich ein ganz schweres Schicksal in einigen Fällen also in ein Potenzial um, nämlich ebenso demütig wie gebildet von Robben Island ins bald freie Südafrika zurückgekehrt zu sein.

Das zuvor im Vergleich zum Gefängnis natürlich doch schon freiere Südafrika war aber ja nie gänzlich frei gewesen. Es war eine Art Besatzungsstaat im eigenen Staat. Das weiße Regime hatte die Schwarzen mehrheitlich ganz bewusst und konsequent aus der gehobenen Bildung und den gehobenen Tätigkeiten in Wirtschaft und Verwaltung herausgedrängt, bis auf die ruralen Selbstverwaltungen der Homelands.

Mit der Folge, dass am Nullpunkt 1994, dem Start in eine neue Zukunft, doch nur sehr wenige Schwarze über die nötige Bildung oder gar Expertise verfügten, die es brauchte, um Staat zu machen. Sie konnten ja gar nicht darüber verfügen, weil auch das Schul- und Hochschulwesen des Apartheidstaates rassisch durchorganisiert war. Bis heute wird die Faustformel genannt, dass in der Bildung bis 1994 etwa zehnmal mehr für ein weißes Kind ausgegeben wurde, als für ein schwarzes!

Heutzutage entscheiden zumeist die finanziellen Möglichkeiten und Wohngegenden der Eltern über die Auswahl der Schulen. Ob privat oder staatlich, ob gehoben, einfach oder sehr rudimentär.

Funktionseliten

Wie hätte man also den nötigen »Wasserkopf« in Politik, Verwaltung und Wirtschaft adäquat besetzen sollen? Weiterhin mit den zwar gut gebildeten und ausgebildeten Weißen, die aber ja historisch und realpolitisch mehrheitlich Dreck am Stecken hatten? Oder zumindest zu den stillen Profiteuren der alten Ordnung gezählt hatten? Oder dann doch mit den nun freien »Greenhorns«?

Eine höchst schwierige Frage, die man nur moralisch leicht beantworten kann. Aber funktional? Im Sinne eines funktionierenden Staates?

Und auch dabei drängen sich internationale Vergleiche auf: In Deutschland hat man diese Fragen mindestens zweimal beantworten müssen, nämlich 1945 und 1990. Und obwohl selbst da die Ausgangslage höchst unterschiedlich und natürlich nicht identisch mit der in Südafrika war, musste man doch entscheiden, ob man die alten »Funktionseliten«, wie man diese Spezies von Experten ja nicht umsonst nennt, nun im Amt halten oder rausschmeißen sollte? Ersetzen durch Leute, die zwar moralisch weniger oder gar nicht vorbelastet, aber praktisch viel unerfahrener oder gar gänzlich unerfahren waren.

Die Antwort fiel und fällt in allen Fällen schwer. 1945 entschieden sich die Alliierten ja zu Recht zuerst für den Prozess der Entnazifizierung, die sowohl die Bevölkerung, besonders aber die Eliten in Politik, Verwaltung und Wirtschaft betreffen sollte. Dieser Prozess wurde aber schon bald immer weiter zurückgefahren, je mehr man merkte, dass man zum Aufbau einer starken Nachkriegsgesellschaft eben auf die Fachkenntnisse angewiesen war.

So kam es, dass in vielen Ministerien, etwa der Justiz, Verteidigung, der Medizin, im Inneren oder auch im Außenministerium zahlreiche, zum Teil schwer vorbelastete Kader zurückgeholt oder auf Posten belassen wurden. Erst recht unter dem aufkommenden Druck der Systemkonfrontation zwischen Ost und West. Moralisch höchst fraglich bis verwerflich, gleichzeitig aber wohl auch ein Beitrag zum Wiedererstarken einer dann zum Glück friedlichen und freiheitlich-demokratischen Bundesrepublik Deutschland.

Was passierte aber 1990? Die Funktionseliten der DDR wurden, vereinfachend gesagt, komplett rasiert. Warum? Weil auch sie nicht nur aus Sicht der Westler in einem Unrechtssystem belastet und, das ist nun der springende Punkt, zudem recht einfach durch Experten aus dem Westen zu ersetzen waren. Schließlich handelte es sich 1990 ja um den »Beitritt der DDR zur BRD«, wie es offiziell und auch in der Praxis hieß. Ein kleineres Land ging in einem größeren auf.

Das war zwar hart für die Betroffenen, die damit quasi nachträglich den Preis für Mitgliedschaft in SED, Stasi und anderen Kaderorganisationen zahlten, für das neue große Deutschland aber quantitativ zu verschmerzen. Denn schließlich gab es ja viel mehr gut gebildete Funktionseliten im Westen, als dort unbedingt und überall nötig waren. So gesehen folgte dem ersten Ost-West-Transfer der aufständischen Bürger sehr schnell ein West-Ost-Transfer der Eliten.

Dies war und ist ein entscheidender Unterschied zu 1945 und den Folgejahren, in denen erstens ohnehin eher wenige unbelastete, »lupenreine Demokraten« mit entsprechender Qualifikation in Deutschland zu finden, zweitens ja viele Deutsche auch noch als Soldaten oder Zivilisten im Krieg ums Leben gekommen waren. Das war 1990 nicht der Fall.

Und das war auch 1994 in Südafrika nicht der Fall. Denn dieser Fall lag ja komplett anders: Hier wurde ein funktionales Staatswesen, das zuvor von einer sehr kleinen Minderheit regiert und organisiert worden war, für die ganz große Mehrheit geöffnet. Die Mehrheit hatte sich das zwar verdient, weil erstritten, nicht aber »erkämpft« im Sinne von Krieg und Frieden. Was irgendwie zynisch klingt, weil ja gerade der friedliche Verlauf so lobenswert ist, gleichzeitig aber die nüchterne, realistische Frage aufwirft: Wie geht man in so einem Fall am besten vor?

Im Endeffekt beschritt man, um es grob darzustellen, einen Mittelweg. Nicht alle vorbelasteten Funktionseliten wurden vor die Tür gesetzt, denn schließlich gab es ja das Frieden und Stabilität erhaltende Instrumentarium der Regierung der Nationalen Einheit. Gleichzeitig wurden aber auch nicht alle alten Eliten auf ihren Posten belassen, da ja nun viele Anwärter aus den Reihen derer bei Fuß standen, die zuvor komplett außen vor geblieben waren. Ein sehr heikler, sehr schmaler Grat.

Und damit fingen weitere Probleme erst an: Wie arbeiten nun Menschen in Politik, Verwaltung und Wirtschaft zusammen, die zuvor über Jahrzehnte »rassistisch« aufgeladen, sich ideologisch und persönlich so fremd waren wie Schwarz und Weiß in Südafrika? Wie sollte dieser Prozess harmonisch und auf gleicher Augenhöhe ablaufen?

Reibungsverluste der Transformation

Was bis 1996/7 unter dem Wirken Nelson Mandelas und F.W. de Klerks, sowie unter der Euphorie des neuen Südafrika mit all seinen emotionalen Sternstunden noch gut begann, führte logischerweise in den danach abermals folgenden Mühen der Ebene und des Alltäglichen zu Reibungserscheinungen oder auch -verlusten. Schließlich hatte es seit 1990 einen jahrelangen Prozess der Verhandlungen und Diskussionen um die zukünftige Ordnung des Zusammenlebens gegeben. Gekrönt mit der Übergangsverfassung von 1993 als Meilenstein, der den friedlichen Übergang von 1994 erst ermöglichte.

In diesem Prozess hatten sich tolle Charaktere und Menschen mit Führungsqualitäten herauskristallisiert, die nun in der Regierung der Nationalen Einheit oder auch in der Wirtschaft an die Arbeit gehen konnten. Aber galt das auch für den großen Rest?

Erst recht, als de Klerks NP die Regierung der Nationalen Einheit verließ und auch der ANC eher wieder konfrontativer wurde?

Diese Geburtswehen und Kinderkrankheiten des neuen Südafrika sollten sich ab 1999 nicht selten in systemischen Defiziten verfestigen. Erst recht, weil der neue Präsident nun anders zum Volk sprach als der alte: Auch wenn man den sehr gut gebildeten und mit besten Manieren ausgestatteten Thabo Mbeki nun wirklich nicht mit einem polternden Donald Trump vergleichen kann, sagte er doch Sätze wie »True Africans first«. Einmal frei übersetzt.

Ab 1999 lernte Südafrika einen Thabo Mbeki kennen, der nach der Ära der Versöhnung und Kooperation unter »Tata« Mandela, wie die Schwarzen die Vaterfigur auch nannten, einen Kurs der »Afrikanisierung« einschlug. Ob gewollt oder nicht, die Weißen fühlten sich in den Folgejahren viel weniger herzlich umarmt und erwünscht.

Thabo Mbeki stammte wie erwähnt aus einer einflussreichen Xhosa-Familie. Er hatte im Exil in Großbritannien studiert und dann den ANC in gewisser Weise hauptverantwortlich aus dem Exil im sambischen Lusaka heraus geleitet. Mandela saß noch im Gefängnis und der Exil-ANC führte von außen einen Krieg der Nadelstiche gegen das Regime.

Ein dritter Strang des ANC, neben Inhaftierten und Exilanten, betrieb im Landesinneren den »low profile civil war«, also eine Destabilisierung des Regimes auf kleiner, aber stetig köchelnder Flamme. Das war mehrheitlich weniger ein Bürgerkrieg als eine Phase des aufmüpfigen Ungehorsams gegenüber den Regeln und Anweisungen des Regimes. Streiks, Proteste und Demonstrationen waren das Mittel der Gewerkschaften, ähnlich wie in den 1950er- und 60er-Jahren schon.

Mit Thabo Mbeki und übrigens auch Jacob Zuma haben nun also zwei Ex-Exil-Vertreter des sicherlich härteren dieser drei

Stränge im ANC die Präsidentschaften nach Mandela innegehabt. Was per se noch nichts heißen muss, durchaus aber wohl Konsequenzen im Umgangston hatte.

Schon 1994 waren viele Beobachter verwundert, dass Mbeki und nicht ANC-Generalsekretär Cyril Ramaphosa auf den Vize-Posten nach Mandela berufen wurde. Dieser Ramaphosa hatte als Gewerkschaftsführer im Südafrika der 1980er-Jahre auf sich aufmerksam gemacht und daraufhin den Verhandlungsprozess federführend gemanagt, gemeinsam mit dem führenden weißen Unterhändler Roelf Meyer. War er aber als Venda schlicht der falsche Mann? Also wegen seiner ethnischen Herkunft aus einem eher kleinen Stamm unter den Schwarzen, deren größten Stränge ja Zulu, Xhosa, Tswana und andere sind?

Ramaphosa jedenfalls zog es danach in die freie Wirtschaft, wo er sehr wohlhabend und viel später erst unter Jacob Zuma dann doch noch zum Vize des ANC und des Landes wurde. Durch seine Wahl zum Parteichef im Dezember 2017 ist er der wahrscheinlich neue Präsident Südafrikas, weil Zuma 2019 nach zwei Amtszeiten abtreten muss.

Falsche gelebte Vorbilder

Dass Jacob Zuma bis heute noch nicht abtreten musste, verwundert viele Südafrikaner und internationale Beobachter gleichermaßen. Selten hat in einem westlich geprägten Staat wohl ein Präsident so oft mit der Justiz zu tun gehabt. Vergewaltigung, Korruption, dubiose Geschäftspartner und Machenschaften wurden ihm mehrfach vorgeworfen. Und selbst einige Misstrauensanträge im Parlament musste er überstehen. Zuletzt im August 2017.

Was aber nicht wirklich verwundert, denn der ANC verfügt ja immer noch über eine satte Mehrheit im Parlament. Und wenn eines im ANC großgeschrieben wird, dann Loyalität. Wenn auch oft falsch verstandene Loyalität, muss man anfügen. Davon war auch ein Nelson Mandela zeitlebens nicht frei, denn wie sonst hätte er die Performance seiner Nachfolger Mbeki und Zuma so oft so unkommentiert stehen, ja durchgehen lassen können?

Afrikas Politik ist bis heute aber leider von der Tradition geprägt, dass die ehemaligen Befreiungsbewegungen einen dermaßen großen Kredit bei der normalen Bevölkerung besitzen, dass sie eine gefühlte »Ewigkeitsgarantie« auf die Macht haben. Die kann Jahrzehnte andauern! Egal, wie sie tatsächlich regieren, ob zum Wohle des Volkes oder eher ihres eigenen: Die Befreier von gestern werden so gut wie nie abgewählt und auch kaum kritisiert. Von der Presse und Opposition ja, aber praktisch nie aus den eigenen Reihen heraus.

Prominent meldete sich Nelson Mandela dann doch einmal aus dem Ruhestand zu Wort, als die verfehlte Aids-Politik Thabo Mbekis selbst ihm nach Jahren des Zuschauens zu bunt wurde. Mbeki leugnete doch tatsächlich standhaft den Zusammenhang zwischen Sexualverhalten und Infektionsgefahr! Vielmehr charakterisierte der sonst so gelehrt erscheinende Präsident die Aids-Seuche, die sicherlich 10, vielleicht aber auch 15 % der südafrikanischen Bevölkerung betrifft, als Krankheit der Armut.

Was einerseits stimmt, weil ja wieder einmal zu ganz großen Teilen die ärmste Land- und Stadtbevölkerung betroffen ist, aber eben nicht nur. Über Jahre wurde in der südafrikanischen Regierung darüber gestritten, ob man denn nun Kondome und Medikamente zum Schutz vor Aids verteilen und Aufklärungsarbeit leisten sollte. Ein unfassbarer Skandal, der viele Tausend, ja wohl Zehntausende Menschen in der Zwischenzeit das Leben gekostet und dann selbst Nelson Mandela nicht schweigend gelassen hat.

Auch über Jacob Zumas Gebaren als Präsident zeigte sich Mandela bisweilen »not amused«, um es vorsichtig zu sagen. Und Desmond Tutu verkündete sogar öffentlich, diesen ANC nicht mehr wählen zu können. Aber der ANC hält als Regierungspartei dann doch zusammen. In einem Maße, wie es von außen betrachtet nicht nachzuvollziehen ist.

Selbst die luxuriösen Umbauten seines heimatlichen Domizils auf Staatskosten brachten den höchst umstrittenen »Chief« Zuma nicht zum Sturz. Und das, obwohl die verhandelte Summe bei rund 20 Millionen liegt. Nicht Rand wohlgemerkt, sondern Euro. Und das in einem Land, in dem so viele Menschen gar nichts haben. Viele empören sich: Was für eine Verschwendung!

Blick zurück nach vorn

Was hat Südafrika nun aber für eine Zukunft? Nach diesen eher verschwendeten Jahren seit 1999? In denen das durchschnittliche Wirtschaftswachstum im niedrigen einstelligen Bereich trotz des lang anhaltenden Rohstoffbooms nie dazu ausreichte, die allein durch das Bevölkerungswachstum steigenden Bedürfnisse zu kompensieren? In denen die Schere zwischen Arm und Reich sogar noch weiter geöffnet wurde als unter der Apartheid und die Arbeitslosenquote konstant bei rund 30 % liegt.

Das wichtigste Thema muss die Bildung und Ausbildung sein! Das gilt in allen Gesellschaften, in Südafrika aber ganz besonders. Und man wird alsbald noch stärker die These von der weiteren »Afrikanisierung« Südafrikas aufstellen dürfen, wenn negative Trends nicht gestoppt werden. Aber von wem?

Der amtierende Präsident lebt seine afrikanischen Wurzeln

ja ganz bewusst vor und aus. Und bei dieser vielleicht westlich gefärbten Kritik geht es nicht um die Selbstdarstellung als Zulu-Häuptling in traditioneller Tracht und Tanz. Das darf man gewiss als – wenn auch irritierende – Folklore abtun. Zumindest, was die Wirkung ins Landesinnere angeht. Oder doch nicht? Zeigt der Präsident mit seinem für afrikanische »big men« so typischen Verhalten nicht auch, dass traditionelle Machtaspekte des Kontinentes bewusst gewünscht sind? Was nun wieder nicht rassistisch, sondern eher um die Demokratie und die Entwicklung besorgt gemeint ist.

Darf ein Präsident in einem Land, das so sehr zwischen Erster und Dritter Welt schwankt, das im Gegensatz und in Konkurrenz zu zahlreichen asiatischen Ländern seine mögliche »Take-off«-Phase zu verpassen droht, wie es Entwicklungsexperten nennen, sich so verhalten? Widerspricht die Betonung des Traditionellen bei gleichzeitiger persönlicher Bereicherung nicht gerade dem legitimen Wunsch nach umfassender Transformation? Nach durchgreifendem Wandel?

Die Tatsache, mehrere, manche sagen auch zahlreiche Frauen gleichzeitig zu haben, und diese auch noch auf Staatskosten mit Luxusautos auszustatten, wie unter anderem ja jüngst verhandelt wurde, wiegt schwer genug, wenn ein Land an sich selbst und nach außen den klar formulierten Modernisierungsanspruch stellt, wie es Südafrika nun einmal tut.

Die Aussage, er habe nach dem ungeschützten Geschlechtsverkehr mit einer HIV-Positiven, die im Übrigen nicht zu seinen Frauen gehört haben soll, »heiß geduscht«, und somit könne ja auch nichts passieren, grenzt aber an bewusste oder zumindest ignorante Verhöhnung der Justiz und Öffentlichkeit. Sowie der zu Millionen betroffenen Menschen.

Und was für ein Bild muss dieser Präsident erst in die Welt hinaus senden? Ist Südafrika damit auch weiterhin ein verlässlicher Partner? Politisch weiterhin auf dem Wege zu einer von allen erhofften Vorzeige-Demokratie? Und ein Investitionsstandort für globale Handelspartner, die dort ja etwa im großen Stil in der Landwirtschaft oder der Automobilindustrie für den Weltmarkt produzieren?

Dies sind heftige Fragen und Kritiken, aber was nützt die ganze versuchte Ausbildung so vieler ehemals Chancenloser, wenn sich die Chancen, an Aids zu erkranken, durch die »Vorbilder« der Herren Präsidenten so erhöhen? Und dies ist nun nicht schwarzgemalt, denn viele Tausend wichtiger Arbeitskräfte sind mittlerweile regelrecht weggestorben! Ob in der Industrie, der Landwirtschaft, sogar unter den Lehrern. Das schwere Schicksal der vielen Aids-Waisen, die oft entscheidende Teile ihrer Familien, nämlich des natürlichen Mittelbaus verloren haben, ist ein ganz reales Problem im neuen Südafrika. Und das »natürlich« wieder einmal zuerst in den Townships und auf dem Land. Wie sollen da neue, gesunde Strukturen mit neuen, besser qualifizierten Schulabgängern, Studenten oder gar Funktionseliten heranwachsen?

Bildung als Schlüssel

Bessere Bildung ist notwendig! Und in Afrika meint Bildung oftmals zuerst einmal ein Mindestmaß an Aufklärung und Grundbildung. Und das überall im Land. Südafrika hat ein großes Zentrum, das man, wie gezeigt, der Ersten Welt zurechnen darf, mindestens aber eine ebenso große Peripherie, was prekäre Bildung und Wohlstand angeht.

Der Sozialstaat europäischer Prägung, wie man ihn trotz der großen Unterschiede bezüglich der Qualität auch innerhalb Europas einmal nennen darf, ist in Südafrika noch längst nicht flächendeckend angekommen. Das betrifft die defizitäre, ja oftmals höchstens rudimentäre Gesundheitsversorgung, ganz sicher aber auch das Schulsystem.

Es ist bislang viel zu wenig an der Chancengleichheit der Kinder und Jugendlichen gearbeitet worden! Die man mittlerweile hart auch als in Teilen »verlorene Generation« bezeichnen kann. Wenn es im Endeffekt auch keine wirkliche Chancengleichheit in einer so ungleichen Gesellschaft – und wohl auch weltweit – zu geben scheint, dann muss man doch zumindest die Grundlagen zu legen versuchen.

Das neue Südafrika hat es versäumt, genug von den partiell oben gelobten Bildungsgrundlagen des alten Systems nun allen zu öffnen und zur Verfügung zu stellen. Dabei lag doch diese Erkenntnis sehr frühzeitig auf der Hand: Nur durch eine nicht-rassische, multi-ethnische und in etwa gleichwertige Bildung kann Entwicklung en gros entstehen!

Dabei geht es um Grundkenntnisse, fachspezifische Ausbildung und Studium. Gleichzeitig aber auch um so etwas wie humanistische Ethik, die ein eigenes Fach, zumindest aber vorgelebt sein sollte. Und Nelson Mandela hat vor allem eines vorgelebt: Selbstdisziplin! Dazu Eigenmotivation!

Übrigens gilt dieses Bildungspostulat für ganz Afrika. Und damit auch als größtes Defizit des Kontinentes. Nur wer gut gebildet ist und zumindest kleinste sozioökonomische Zusammenhänge versteht, kann sich entwickeln. Es sei denn, man postuliert das Verharren in Subsistenzwirtschaft, also auf der eigenen Scholle.

Aber selbst von diesen, den eigenen Schollen, gibt es ja nicht genug für alle, bei all der zunehmenden Übervölkerung vieler Landstriche und Gebiete. Gerade in den städtischen Räumen. Und nur Bildung, der soziale Aufstieg und ein wachsender Wohlstand – gerade der Mädchen und Frauen! – reduzieren auf Dauer das Bevölkerungswachstum. Denn nur wenn der Wunsch nach

Verbesserung und Aufstieg den sozialen Zwang zu und offenbar kulturell vorgegebenen Drang nach vielen Kindern ersetzt, kann Entwicklung gelingen. Zumindest in der angestrebten, modernen, westlichen Form.

Amerikanisierung Südafrikas

Dass die westlichen Entwicklungsformen natürlich auch Kehrseiten haben, ist unstrittig. Und auch die lassen sich in Südafrika »bestens« beobachten. Ganz viele Menschen sehen ihre wichtigste Freiheit mittlerweile wohl in der Konsumfreiheit und leben ein hedonistisches, also ausschließlich auf den eigenen Genuss ausgerichtetes Leben. Verantwortung für die Gesamtgesellschaft ist ein eher unpopuläres, zumindest wenig ausgeprägtes Phänomen. Wie zunehmend ja auch in westlichen Gesellschaften – als Preis der voranschreitenden Individualisierung. Nach dem Motto: Nach mir die Sintflut.

Was wohl ein Nelson Mandela dazu gesagt hätte? Oder gedacht hat, als er noch lebte, sich aber nicht mehr öffentlich zu Wort meldete? Vielleicht ja auch deshalb nicht mehr meldete? Weil er die Megatrends erkannte, die in die völlig falsche Richtung laufen, wohl aber kaum noch zu stoppen oder auch nur umzuleiten sind?

Man kann Südafrika an dieser Stelle wohl am besten – wenn auch wiederum sehr plakativ – als eine Mischung aus »afrikanisiert« und »amerikanisiert« bezeichnen: Mit einer ganz großen Spreizung zwischen Top-Niveaus in Bildung, Forschung, Industrie und Gesundheitswesen sowie dem Gegenteil all dessen. Auch wenn eine Mittelschicht entstanden ist, trennen sich die Welten doch zunehmend.

Und zwar zugunsten der Wohlhabenden. Die sich mehr und mehr bewaffnen. Die ihren Besitz, Leib und Leben selbst verteidigen. Was bei der steigenden Gewaltkriminalität und etwa den verheerenden Morden an rund dreitausend weißen Farmern bis heute nachvollziehbar ist, eine gesamte Gesellschaft aber auch vergiftet. Stellvertretend für den »amerikanischen« Umgang mit Waffen in Privatbesitz darf der auch international viel diskutierte Fall Oscar Pistorius genannt werden.

Selbst in einem eher banalen Bereich wie dem Transport gibt es eine starke Betonung des Individuellen. Nämlich des Individualverkehrs gegenüber einem öffentlichen Verkehrssystem, wie es in Europa fast überall zur Verfügung steht. Kaum ein Weißer fährt je mit den Mini-Bus-Taxis, also den Bullis, in die sich 15, ja 20 Personen quetschen, um möglichst billig von A nach B zu kommen. Wer darin mitgefahren ist, weiß um die Enge der Möglichkeiten der »normalen« Menschen. Was zusätzlich durch deren Ernährung erschwert wird, die ebenso wie das sonstige Konsumverhalten gewichtige Parallelen zu den USA aufzeigt.

Nicht zuletzt gilt diese Tendenz auf dem für die Bildung so wichtigen Feld der Medien. Hier wie dort dominieren eher niveaulose Angebote im Fernsehen und im Internet. Und in Südafrika kommt auch noch erschwerend hinzu, dass der Zeitungsmarkt rapide an Niveau verloren hat. Eine gute mediale Versorgung ist schlicht und ergreifend nicht gegeben! Weder im Print-Segment, noch im Fernsehen, wo »Daily Soaps« Programm und Alltag füllen, nicht Qualitätsprodukte.

Selbst die landesweiten Nachrichtensendungen sind vom amerikanischen Prinzip der »Eyewitness-News« dominiert, bringen also eher Skandale und Skandälchen, Gewaltverbrechen sowie Verkehrsunfälle als große Zusammenhänge zum Vorschein. Sendungen wie die in Deutschland noch fest etablierten Polit-Magazine oder ein »Auslandsjournal« sowie anspruchsvolle Doku-Formate, die über den eigenen Tellerrand hinausschauen lassen könnten, sucht man vergebens.

Einzig der Buchmarkt ist qualitativ hochstehend, die Regale an analytischer Literatur sind voll. Öffentlich-rechtliches Fernsehen und Radio sind in Südafrika programmatisch ebenso »privatisiert« wie das amerikanische Pendant. Und um einmal nicht nur amerikanische »Vorbilder« heranzuziehen, könnte man sich beim südafrikanischen SABC etwa auch ans italienische Fernsehniveau der pseudo-modernisierten RAI erinnert fühlen. Ein Trauerspiel.

Banalisierung und Verflachung allerorten. »Brot und Spiele« haben den Wunsch nach ernsthafter gesellschaftlicher Veränderung abgelöst. Nach politischer Bildung sowieso. Populismus regiert. Und somit ist das Südafrika des Jahres 2018, in dem Nelson Mandela 100 Jahre alt geworden wäre, im Vergleich zum Jahr 1999, als er abtrat, weit zurückgefallen. Kulturell. Politisch. Sozioökonomisch. Gesellschaftlich.

Südafrika 2018

Auch wenn dies ein wenig zu hoch gegriffen und idealistisch klingen mag: Südafrika hat es verpasst, eine neue, humanistische Gesellschaft zu formen. Auf einem ethischen Fundament aufbauend, das aber ja von Nelson Mandela vorgelebt worden war und deshalb anders als an anderen Orten möglich schien. Wo, wenn nicht hier? In dieser Situation des Neuanfangs, des relativen »Tabula rasa«. Im neuen Südafrika, diesem Laboratorium der Gesellschaftspolitik. Wann, wenn nicht jetzt?

Südafrika hat sich aber peu à peu an der Staatsspitze afrikanisiert und im Alltag amerikanisiert. Der globale Megatrend des Abgleitens in populistische Politik, mediale Verflachung und hedonistisches Verhalten haben die moralische Rationalität eines Nelson Mandela abgelöst.

Aus einem heroischen, gemeinschaftlichen Kampf gegen die Unterdrückung und für die Verbesserung der Gesamtlage ist ein alltäglicher Kampf um größtmöglichen Konsum geworden. Altruismus und Einsatz für ein gesamtgesellschaftliches Projekt sind egoistischer Profitmaximierung gewichen. Die Fokussierung auf den eigenen »Benefit« regiert. Humanistische Ethik?

Nun steht Südafrika mit diesen Phänomenen nicht alleine da. Aber aufgrund der jüngeren, von Mandela geprägten Geschichte muss man sagen: Schade! Was für eine Verschwendung!

Wie groß das ökonomische Potenzial weiterhin ist, lässt sich an den Reichtümern des Landes ablesen. Wer dieses Land besucht, erlebt eine grandiose, wilde Natur mit allen afrikanischen Schönheiten. Dazu mit einer für Afrika einmaligen Infrastruktur, was Straßen, Bebauung, Telekommunikation und technologisches Niveau allgemein angeht. Mit gut funktionierenden, zum Teil sehr modernen Großstädten. Aber eben auch mit der Normalität, dass die Reichtümer oft hinter Stacheldraht, Elektrozäunen und Mauern mit aufgepflanzten Glasscherben und eisernen Spitzen bewehrt sind. Wie in Trutzburgen, die den eigenen Wohlstand abschotten, um ihn vor der grassierenden Kriminalität zu schützen.

Und die den Horizont ebenso wie den Reichtum eingrenzen. Die großen, neuen Wohnsiedlungen mit Security Standards wie in den USA sind moderne »No-go-Areas« für Normalos und Arme, die Townships der Armen sind solche für Normalos und Reiche.

Nach einer politischen Transition dauert die gesellschaftliche Transformation »sicher 10% der Zeit, die zuvor ein unterdrückerisches Unrechtssystem gewirkt hat«, so prognostizierte ein kritischer ANC-Analyst mir gegenüber im Jahre 1999 mit Blick auf 350 Jahre weißer Präsenz am Kap. Nur stellt sich die Frage, ob intensiv genug daran gearbeitet wurde und wird? Ob die Zeit genutzt wurde?

Gab es eine adäquate politische und dazugehörige förderliche, potenziell ja so wichtige Medienlandschaft? Oder so etwas wie ein übergeordnetes »Hauptfach Ethisches Denken und Handeln« an Schulen und Hochschulen? Gab es einen gemeinsam erarbeiteten Bildungskanon, der sich aus den unterschiedlichen Perspektiven dieser heterogenen Gesellschaft speisend auf ein gemeinsames, übergeordnetes Ziel verständigt hätte? Aufs Allgemeinwohl?

Stattdessen beklagte der Stellenboscher Wirtschafts-Professor Sampie Terreblanche in einem meiner Recherche-Interviews schon vor über zehn Jahren: »Es ist so, als hätte sich eine neue Elite aus der Flut der Armut auf die Dächer gerettet und dann die Leitern weggestoßen, damit ja kein anderer hinterherklettern kann.«

Dieser Befund hat sich seitdem noch verfestigt. In der vermeintlichen Regenbogennation mangelt es an »pluraler Solidarität«, wie ich es nennen möchte. An auf ethischem Fortschritt ausgerichtetem Denken und Handeln, wenn auch aus unterschiedlichen Perspektiven und historisch geprägten Empfindungen heraus. Das wäre Aufgabe, ja besser noch Vorgabe guter Politik und Bildung gewesen.

Der eklatante Bildungsmangel ist also eine logische Konsequenz aus Vergangenheit und Gegenwart. Und selbst die große Chance von 2010 verpuffte. Damals hatte man ja dieses interkulturelle und interdisziplinäre »learning by doing« praktiziert, um die WM als gelungene Vorzeigeveranstaltung zu stemmen. Gemeinschaftlich. Mit ausländischen und inländischen Experten, die nicht im normalen ministeriellen Betrieb standen, sondern speziell für das Großprojekt angeheuert worden waren.

Diese Berater hätte man nach 2010 sehr gut in anderen Bereichen weiterbeschäftigen können und sollen. Für so viele soziale Aufgaben, in Problemanalyse, Koordination und Umsetzung.

Aber nein, der ANC wollte und will grundsätzlich beweisen, alles selbst zu können. Mit den eigenen Leuten. Das hat wohl auch noch etwas mit einem Post-Apartheid-Komplex zu tun. Und deshalb lässt die Regierung auch der pluralistischen Zivilgesellschaft viel zu wenig Raum zum Wirken oder gar Unterstützung zukommen.

Und auch wenn das von außen betrachtet leichter gesagt als innenpolitisch umgesetzt ist: Man hätte 2010 als nochmaligen »Neustart« nutzen und ganz bewusst ein starkes »Transformationsministerium« etablieren können, das für viele Bereiche eine Lenkungsfunktion hätte haben können. Oder auch einen speziellen »Transformations-Studiengang«, wie ich es einmal nennen und konkret vorschlagen möchte. Organisiert etwa nach dem deutschen Vorbild von Fachhochschulen, wo theoretisches Lernen und praktische Ausbildung kombiniert wären.

Und dies dann ganz offensiv thematisieren, kommunizieren und bewerben, um Menschen zu motivieren, die Bedarfe nochmals klarzustellen und die Sinne neu zu schärfen. Nur: Dafür müssten natürlich wiederum etablierte Strukturen und Akteure selbstkritisch infrage gestellt werden, wo Selbstkritik eine eher rare Tugend ist.

Der Leitgedanke der südafrikanischen Verfassung lautet »unity in diversity«, also Einheit in Vielfalt. Leitgedanke kommt von leiten. Gelebt wird aber höchstens eine »Lite-Version« dieser Überzeugung, irgendwie blutleer. Gruppendenken und Fokussierung auf das eigene, auch sehr individualistische Wohlbefinden haben jeglichen kollektiven Ansatz verdrängt.

Und wie sollte es nun besser werden? Nach den vertanen Chancen des Umbruchs und Aufbruchs? Die moderne südafrikanische Gesellschaft ist, wie auch die globale, durch die digitalisierte Oberflächlichkeit des Alltäglichen kaum mehr zu echter

Reflexion und echtem Tiefgang in der Lage. Das Substanzielle hat gegenüber dem Banalen immer weniger Kraft.

Und wo soll die neuerliche Horizonterweiterung herkommen in unseren durchkommerzialisierten Zeiten? In denen die Selbstzufriedenheit der alten und neuen Etablierten das Denken beschränkt, ebenso wie die eingeschlichene Lethargie und Apathie der Abgehängten und Ausgebremsten.

Die Horizonterweiterung kann nur aus der Bildung kommen! Sich intensiv weiterzubilden regt die Eigeninitiative an. Und auch wenn kein Staat der Welt eine »Gleichheit« der Menschen schaffen kann, weil die Menschen nun einmal so unterschiedlich sind von ihrer Herkunft, ihren Talenten und ihren Ansichten, so könnte er durch ein umfassendes Bildungssystem aber doch so etwas wie potenzielle Chancengleichheit und Durchlässigkeit zwischen den sozialen Schichten fördern.

Das beste Beispiel für das Potenzial, das in gebildeten Menschen steckt, hat Nelson Mandela gegeben. Er gab sich nicht mit seinem – privilegierten – Dasein in der ländlichen Provinz zufrieden. Er arbeitete sich mit großer Disziplin und Eigenmotivation hoch zum »Black Englishman«, der durch Highschool, Studium und immerwährende Horizonterweiterungen im Leben zu einem viel größeren Vorbild reifte, als es ursprünglich auch nur annähernd absehbar war. Und eine Lichtgestalt wirkt nun mal am besten, wenn man versucht, ihr nachzueifern!

Nürnberger, Christian/Kaußen, Stephan:
Nelson Mandela
ISBN 978 3 522 30500 6

Umschlaggestaltung: Irmela Schautz
Einbandtypografie: Suse Kopp
Innentypografie: Eva Mokhlis, Swabianmedia, Stuttgart
Reproduktion: Digitalprint GmbH, Stuttgart
Druck und Bindung: GGP Media GmbH, Pößneck

MIX
Papier aus verantwortungsvollen Quellen
FSC® C014496